L'homme qui conduisait la voiture

Max Pemberton

Writat

Cette édition parue en 2024

ISBN : 9789359948836

Publié par
Writat
email : info@writat.com

Contenu

LA CHAMBRE EN NOIR

On dit que tout homme devrait avoir un maître, mais, pour ma part, je préfère une maîtresse. Donnez-moi une gentille jeune femme avec beaucoup d'argent en poche, et un peu de goût pour voir la vie, et je vous laisse tous les " amateurs " indiscrets qui ont déjà reniflé une boîte de vitesses sans savoir ce qu'il y avait dedans. .

J'ai conduit beaucoup de jolies filles dans ma vie ; mais je ne sais pas si la plus jolie n'était pas Fauny Dartel , de l'Apollon. Cette histoire ne parle pas d'elle — sauf d'une certaine manière — donc cela n'a pas beaucoup d'importance ; mais quand j'ai connu Fauny pour la première fois, elle gagnait trente dollars par semaine dans "Les Garçons de Boulogne", et, comme elle me payait trois livres dix tous les samedis et que la voiture lui coûtait environ quatre cents par an pour rouler, elle devait être d'une disposition à épargner. Il est certain qu'aucun homme ne veut d'une meilleure maîtresse, pas Lal Britten, qui est la vôtre. Je l'ai conduite pendant cinq mois et je n'ai jamais eu un mot avec elle. Puis un homme, qui se disait huissier, est venu et a pris sa voiture, et il n'y avait pas d'argent pour moi le samedi. Donc je suppose qu'elle s'est mariée dans la pairie.

Mon histoire ne concerne pas Fauny Dartel , même si cela a à voir avec elle. Il s'agit d'un homme qui ne savait pas qui il était — du moins, il l'a dit — et qui ne pouvait pas vous dire pourquoi il avait fait cela. Nous sommes allés le chercher devant l'hôtel Carlton, Fauny et moi,[1] trois nuits avant que "Les Garçons de Boulogne" ne partent à la campagne, et "Les Filles" d'un autre magasin ont pris leur place. Elle allait souper avec son frère, je me souviens — c'était étonnant combien de frères elle avait aussi — et je devais retourner dans les ruelles de Lancaster Gate, quand, juste au moment où je l'avais déposée et que j'étais sur le point de partir, je me suis levé. arrive un homme à l'air joyeux, vêtu d'un beau manteau de fourrure et d'un chapeau d'opéra, et me demande si j'étais un taxi. Seigneur, comme je l'ai regardé !

« Taxi-toi, dis-je, et de quel asile t'es-tu évadé ?

« Oh, allons, allons, dit-il, ne vous fâchez pas. Je voulais seulement aller jusqu'à Portman Square.

"Alors appelle un fourgon de meubles", dis-je, "et peut-être qu'ils te feront monter à bord."

Mes squames étaient en place, je vous le dis, car j'étais sur la boîte de la plus jolie landaulette Daimler jamais sortie de Coventry, et s'il y a quelque chose que je ne veux jamais être, c'est bien le conducteur d'un pilier avec un drapeau dedans. son oreille gauche. Sans doute j'aurais dû en dire beaucoup plus à monsieur, quand, à votre avis, que se passe-t-il, eh bien, Fauny elle-même arrive et me dit de l'emmener.

« Je suis sûre que nous aimerions que quelqu'un fasse la même chose pour nous s'il n'y avait pas de taxis », dit-elle très gentiment ; "S'il vous plaît, emmenez monsieur, Britten, et ensuite vous pourrez rentrer chez vous."

Eh bien, j'étais assis là, aussi étonné que n'importe quel homme du Haymarket. C'est vrai qu'il n'y avait pas de taxis sur la station à ce moment-là ; mais il aurait pu en obtenir une en marchant une centaine de mètres le long de Trafalgar Square, et elle devait le savoir aussi bien que lui. Elle lui sourit tout de même gentiment et lui à elle, puis, d'un formidable coup de chapeau, il lui fait un discours galant.

« J'ai mille obligations, dit-il ; "Vraiment, je ne pouvais pas m'immiscer."

"Oh, monte et pars", dit-elle en le poussant presque. "Je perdrai mon dîner si tu ne le fais pas."

Il lui obéit immédiatement et nous partîmes. Vous vous souviendrez que son discours portait sur une maison de Portman Square ; mais à peine avais-je tourné le coin du Criterion qu'il a commencé à parler dans le tube et à me dire d'aller chez Playford à Berkeley Square. Là, il s'arrêta, alors qu'il était déjà midi ; et lorsqu'il eut sonné et entré dans la maison, il me fallut attendre un bon quart d'heure avant qu'il soit prêt pour la deuxième étape.

"Est-ce que c'est Portman Square maintenant ?" Je lui ai demandé. Il rit et me glissa un souverain dans la main.

"Je peux voir que vous faites partie des bonnes personnes ", a-t-il déclaré. "Voudriez-vous courir jusqu'à King's Road, à Chelsea, pendant dix minutes ? Peut-être qu'il y aura un autre souverain avant que nous allions nous coucher ce soir."

J'ai empoché l'argent – on ne trouve pas beaucoup de pilotes qui sont loin de la quatrième vitesse dans cette ligne, et Lal Britten ne fait pas exception. Quant au gentleman, il avait l'air d'un joyeux garçon, et son air était partout celui d'un duc, le genre d'homme qui dit « Faites-le » et qui vous retrouve là à chaque fois. Nous étions à King's Road, à Chelsea, peut-être un quart d'heure après qu'il eut parlé, et là nous nous arrêtâmes à la porte de beaucoup d'ateliers, qui, m'a-t-on dit depuis, étaient où se trouvaient certains des plus grands peintres du pays. conservent leurs photos. Ici, mon ami était parti environ vingt minutes, et quand je l'ai revu ensuite, il était accompagné de trois dames flash-up, et toutes aussi élégantes que lui.

« Des parents à moi », dit-il en les poussant dans la landaulette et en fermant lui-même la porte. "Maintenant, vous pouvez conduire jusqu'à

Portman Square aussi vite que vous le souhaitez, car je suis moi-même un lève-tôt et je n'approuve pas les heures tardives."

Eh bien, j'ai regardé fixement, soyez-en sûr, même si regarder fixement ne correspondait pas à cette énigme, pas de loin. Ma maîtresse avait prêté sa landaulette à un étranger ; mais j'étais sûr qu'elle n'aurait pas aimé ce genre de choses – et pourtant, rappelez-vous, le monsieur m'avait dit de conduire jusqu'à Portman Square, donc il ne pouvait pas y avoir grand-chose, après tout.

Quant aux dames, ce n'était pas à moi de me disputer avec elles. Ils étaient tous très bien habillés et se comportaient parfaitement. J'en suis venu à la conclusion que j'avais affaire à un homme riche qui avait une abeille dans son bonnet et, ma curiosité prenant le dessus sur moi, je suis parti jusqu'à Portman Square sans même dire un mot.

Or, cela aurait dû être un peu après midi. Il était, je crois, une heure moins le quart lorsque nous sommes entrés dans Portman Square, et il a commencé à actionner le signal sur le siège du conducteur qui vous indique si vous devez aller à droite ou à gauche, lentement ou doucement, sortir ou rentrer. encore. Toutes sortes d'ordres contradictoires me déconcertant, nous nous arrêtâmes enfin devant une grande maison du côté d'Oxford Street, et celle-ci, à mon grand étonnement, avait un panneau "À louer" à la fenêtre et un autre sur le pilier de la porte d'entrée. . Ce qui était encore plus étonnant, c'était que cette maison vide - car je vis d'un coup d'œil que c'était cela - était à peine éclairée de la cave au grenier, tandis qu'il y avait jusqu'à trois fourgons de meubles garés contre le trottoir et envoyant des leur contenu aussi vite qu'une douzaine d'hommes pourraient le transporter. Tout cela, remarquez, je l'ai compris d'un seul coup d'œil. Je n'ai pas eu le temps d'y réfléchir, car l'inconnu est sorti de la voiture en un tournemain et m'a donné mes instructions en deux temps.

« Voici votre souverain, dit-il ; si vous voulez gagner dix fois plus, revenez me chercher à quatre heures, ou, mieux encore, restez et donnez-leur un coup de main à l'intérieur. Nous avons besoin de toute l'aide que nous pouvons obtenir ce soir, et ne vous y trompez pas. Vous pouvez prendre votre souper ici et amener cette voiture quand je serai prêt.

Eh bien, je ne savais pas quoi faire. Ma maîtresse n'avait rien dit de s'arrêter jusqu'à quatre heures — mais d'ailleurs elle n'avait pas parlé non plus de dix livres sterling — et voilà que ce joyeux monsieur en parlait avec assez de légèreté.

Pour ma part, le plaisir de tout cela a commencé à s'emparer de moi et j'ai décidé d'aller jusqu'au bout, quel qu'en soit le prix. Il se passait des événements à Portman Square, et cela ne faisait aucun doute – et pourquoi

Lal Britten devrait-elle être laissée pour compte ? Pas grand chose, je peux vous le dire. Et j'avais laissé la voiture dans le garage à côté d' Edgware Road, et je suis revenu à la maison du vieux monsieur à peu près aussi vite qu'un conducteur aurait pu faire le voyage.

Là, j'ai trouvé la place à moitié pleine de monde. Trois policiers se tenaient à la porte de la maison, et une jolie foule de fainéants, comme on peut toujours en rassembler dans une fête à Londres, regardait la fête, même si elle n'en faisait pas grand cas. Me demandant pourquoi il y avait tout ce brouhaha, un type m'a dit que Lord Crossborough était revenu soudainement de la campagne et qu'il « célébrait son jubilé » au n° 20B.

"La moitié de la gaieté est là, sans parler de la Joyeuse Veuve", dit-il alors que je le dépassais, "et ne soyez pas pressé, monsieur , parce que vous avez oublié votre collier de diamants. Ils Je ne dirai pas non , je ne pense pas là-haut, pas si tu devais monter dans un Billycock et un Duster pour me nettoyer , ils ne le feraient pas... " Mais je ne l'écoutai pas, et je franchis la porte d'entrée. À quelques pas des policiers, je leur ai dit que j'étais le chauffeur de Lord Crossborough et je suis entré directement.

Maintenant, j'ai vécu de nombreuses scènes amusantes dans ma vie, j'ai vu beaucoup de messieurs drôles, sans parler de dames drôles, et j'ai passé de nombreux bons moments au volant de nombreuses bonnes voitures. Mais je dirai tout de suite que je n'ai jamais eu de plus grande surprise qu'en revenant au 20B, et que je me suis retrouvé dans la salle vide au milieu de vingt ou trente paires de culottes jaunes et autant de cuisiniers en tablier blanc, tous poussant et criant : , et jurant que la porte de la zone était verrouillée et verrouillée, et que la cuisine n'était pas en état de servir le souper à un chien.

A l'étage, sur le palier, des hommes en tablier blanc transportaient des plantes en pots et constituaient des massifs de roses ; tandis que plus haut encore se tenait Lord Crossborough lui-même, le gentleman que j'avais chassé du Carlton, leur criant de faire ceci et cela, fumant un cigare aussi long que le bras, et tout le temps aussi joyeux qu'un garçon de deux ans. vieux au galop du matin.

Quant aux jeunes dames, elles avaient ôté leurs manteaux et portaient toutes de jolies robes, comme elles en porteraient pour n'importe quelle fête dans cette partie du monde, et elles se tenaient aux côtés de Sa Seigneurie, apparemment aussi amusées que lui. était. Ce qui m'a particulièrement étonné, c'est l'affabilité de ce noble à mon égard, car il s'est écrié dès qu'il m'a vu et m'a supplié, pour l'amour du ciel, d'enlever le cadenas de la porte de la zone, ou, dit-il, "Je suis foutu s'ils je ne ferai pas cuire les canards au salon.

Je n'étais que trop prêt à lui rendre service, cela va de soi, même si j'ai dû courir au garage chercher une lime et un burin, et quand je suis revenu une deuxième fois, il m'a fallu vingt minutes pour enlever le cadenas. , après quoi ils m'ont envoyé à l'étage, comme ils disaient, "pour aider avec les appartements". Puis j'ai découvert qu'une pièce de théâtre, ou quelque chose comme ça, devait être donnée dans le salon, dont la partie arrière était pleine de paysages, montrant un château au sommet d'un précipice et une vue sur les quais de la Tamise juste en dessous. tandis que dans la petite bibliothèque de l'autre côté de l'escalier se tenaient vingt ou trente danseuses de ballet, tout juste sorties d'un des théâtres du West End.

Immédiatement après leur arrivée, un certain nombre de violoneux sont montés en trombe dans les escaliers et la fête a commencé pour de bon. Un vrai gentleman, qui semblait savoir de quoi il parlait, même s'il appelait toutes les dames ses « chéries », commença à les mettre à l' épreuve . J'ai vu l'une de nos principales musiciennes descendre les escaliers des pièces supérieures, et bientôt de nombreux invités sont arrivés de la salle inférieure et sont entrés dans le grand salon, où le public devait s'asseoir. « Après tout, dis-je, ce n'est qu'un petit plaisir de Sa Seigneurie : il donne une de ces fêtes impromptues dont nous avons tant entendu parler, et cette comédie en est la surprise. Vous verrez tout à l'heure combien j'avais tort.

Eh bien, la pièce s'est déroulée assez joyeusement, comme elle aurait dû l'être, puisqu'elle était jouée par des gens qui doivent gagner leur vie grâce à leurs pièces de théâtre. Quand ce fut fini, Monseigneur se lève et dit quelque chose sur leur dîner, non pas à l'anglaise mais à la française, comme ils le font au Catsare [2] à Paris. Cela les plaisait tous beaucoup, et je pouvais voir que la plupart d'entre eux n'étaient pas du tout de vrais dames et messieurs, mais des racailles bohémiennes en quête d'une fête et déterminées à en faire une. Le souper lui-même fut l'événement le plus amusant que vous ayez jamais vu ; car que devaient-ils faire sinon se laisser tomber sur le sol là où ils se trouvaient, sans se soucier du tout des planches nues, et manger du poulet froid et des petits pains torsadés dans des sacs en papier que le valet de pied leur avait lancés. Quant à l'alcool, on aurait pu penser qu'ils n'en auraient jamais assez - mais ce n'est pas à moi d'en parler, puisque j'en avais une bouteille du meilleur pour moi tout seul dans un coin près de la véranda, et plus d'un sac en papier alors que le premier était vide.

Or, ce souper les occupa jusqu'à près de trois heures du matin. Je fais valoir — comme j'ai dû le faire à la police — qu'il n'était que trois heures et quart lorsque les véritables affaires ont commencé, et des affaires assez effrayantes, comme le montrera ma suite. Cela a d'abord commencé avec les balayeurs, qui balayaient les épaves des vittals avec de longs balais, puis aspergeaient d'eau parfumée pour déposer la poussière. Alors les musiciens jouèrent un air lugubre, et après cela, qu'en pensez-vous ? Eh bien, plusieurs charpentiers de scène sont entrés et ont commencé à accrocher toute la salle avec du noir.

Je vous ai déjà dit que c'était une maison vide et non un meuble dedans, à l'exception de ce que nous y transportions ; vous verrez donc que toute cette affaire a dû être arrangée depuis longtemps, car les tentures noires étaient toutes faites. pour s'adapter à la pièce, et ils y accrochèrent des chandeliers noirs avec des bougies jaunes, aussi mélancoliques que celles utilisées pour un enterrement, et exactement du même genre, autant que je pus voir. Cela a beaucoup intéressé l'entreprise. J'entendais toutes sortes de remarques de la part de la canaille qui faisait l'amour dans l'escalier ; et bientôt ils se rassemblèrent tous dans la pièce et écoutèrent Lord Crossborough pendant qu'il leur faisait un discours.

Permettez-moi d'avouer que ce que je sais de ce discours, je l'ai appris principalement des journaux. Sa Seigneurie parla de ses affaires de famille, et en parla d'une manière qui pourrait très bien étonner la société.

Pour commencer, il évoqua ses propres excentricités au cours des cinq derniers mois, lorsque, comme il le leur rappelait, il s'était retiré de la vie publique et était descendu dans le Hertfordshire pour fonder une académie où, avec quelques convives , il pourrait étudier le latin et le grec. et oublier les bons moments qu'il avait passés autrefois à Londres.

Ceci, dit-il, avait été une affaire assez lente et lui avait donné des longueurs d'avance. Il commença à soupirer pour le bon vieux temps. Platon et Socrate étaient de bons vieux garçons, mais il préférait « Les Garçons de Boulogne » à l'Apollon, et cela ne s'y trompait pas. Il avait donc renoncé à tenir la maison avec Platon et l'autre gentleman, et se rendait en France, lorsqu'il découvrit l'aventure du capitaine Blackham avec Jenny Frobisher de l'Opéra et voulut en savoir plus. Pensaient-ils qu'il supporterait ça ? Pas un seul instant, et, voyant qu'il est impossible d'obtenir une loi dans de telles affaires dans ce pays, il avait l'intention de légiférer lui-même. Le soir même, il avait demandé au capitaine Blackham de venir dans cette maison afin qu'ils puissent se rencontrer et discuter comme les gentlemen devraient le faire. L'un d'eux ne voulut pas revenir ; il laissa à la compagnie le soin de témoigner que tout se passait franchement entre hommes d' honneur , et il les pria de garder sa confiance. Il était alors trois heures et demie. On pouvait attendre le capitaine dans dix minutes, pendant lesquelles il ferait ses préparatifs. Il était sûr qu'ils ne le trahiraient jamais.

Vous imaginez peut-être l'enthousiasme suscité par ce discours. J'étais en bas des escaliers à ce moment-là et j'entendais les femmes s'interpeller et les hommes se demander ce que tout cela signifiait. Une telle confusion et un tel babel, je n'écouterai plus jamais dans aucune maison. Avec quelques-uns qui descendaient les escaliers en courant et réclamaient leurs voitures, l'orchestre jouait, Sa Seigneurie braillait pour ses serviteurs - et, sur tout cela, l'arrivée soudaine du capitaine , qui portait une paire d'épées à la main - eh bien, aucune maison de fous ne pouvait le faire. l'ont correspondu.

Assez bien, dis-je, pour que Lord Crossborough demande aux gens de ne pas le trahir ; mais quelle femme pourrait tenir sa langue dans de telles circonstances, et comment a-t-il pu penser qu'un tel jeu pouvait être joué sans que la police n'en entende rien ? Eh bien, je vous dis qu'une demi-douzaine de filles braillaient "Meurtre !" cinq minutes plus tard, et autant d'autres implorant la police à l'extérieur d'intervenir et de l'arrêter. Pour ma part, je n'ai pas caché le sujet ; et, ne souhaitant pas comparaître devant un tribunal de police le lendemain, et pensant certainement que Lord Crossborough était aussi fou que n'importe quel locataire du premier étage de Hanwell, je me frayai un chemin à travers la presse et me dirigeai vers le garage. Dix livres ou pas dix livres , j'étais pour le lit. Me demanderez-vous si j'ai été surpris quand, montant à la voiture, la toute première personne que j'ai rencontrée était Sa Seigneurie, avec un cigare d'environ sept pouces de long dans la bouche, et un aussi joli sourire au-dessus de sa longue barbe noire que moi. vu cela plusieurs jours.

"Eh bien, mon garçon", dit-il en ouvrant la porte tout à fait calmement et en entrant sans plus d'inquiétude que si je venais de le conduire du Carlton à Hyde Park Corner, "eh bien, maintenant je pense que nous aurons bientôt gagné ce supplément. billet de dix livres. La maison suivante est dans le Hertfordshire, à cinq kilomètres de Potter's Bar, sur la route de Five Corners. La connaissez-vous, au fait ?

Je pouvais à peine lui répondre, tellement étonné.

"Mais qu'en est-il du capitaine , monsieur", m'écriai-je.

"Oh," dit-il, "le capitaine ne me dérangera plus jamais. Maintenant, levez-vous et dépêchez-vous. Votre feu arrière va bien? C'est bien, je souhaite particulièrement que tous les policiers prennent notre numéro. Allez-y et arrêtez-vous pour personne. C'est une grande maison, me dit-on, et nous ne pouvons pas la manquer.

"Mais, m'écriai-je, n'est-ce pas la maison de Votre Seigneurie ?"

Il rit, du rire le plus joyeux du monde.

« Je n'ai jamais été là de ma vie », dit-il ; "Maintenant, continuez, pour l'amour du ciel, ou vous passerez la matinée ici."

Je n'avais pas de mot pour cela et, me demandant si c'était moi qui étais devenu fou ou lui, j'ai laissé sortir la Daimler et j'ai remonté tout droit Baker Street, traversé Park et suis sorti sur Finchley Road. En règle générale, la police a les yeux tout autour de la tête pour repérer cette piste, mais je ne me souviens jamais avoir vu un policier cette nuit-là, et nous voyagions quarante-cinq heures après Barnet si nous parcourions un mile.

Mes instructions, vous vous en souviendrez, étaient de traverser directement Potter's Bar, puis de continuer jusqu'à un endroit appelé Five Corners, une localité dont je n'avais jamais entendu parler, même si je connais le Hertfordshire et les routes alentour. Je l'ai dit à Monsieur alors que nous ralentissions dans le village, et sa réponse a été surprenante, car il m'a dit d'aller au commissariat et de m'y renseigner. J'ai donc ralenti au Potter's Bar, et, voyant un policier, je lui ai demandé de me diriger.

« Restez à droite et tournez encore à droite », dit-il en regardant fixement Sa Seigneurie et moi. "C'est la maison de Lord Crossborough , n'est-ce pas ?"

"Eh bien, oui", dis-je assez naturellement, "et c'est Sa Seigneurie que je conduis."

Il hocha agréablement la tête et, à ce moment-là, Sa Seigneurie, passant la tête par la fenêtre, lui parla directement.

"Plutôt tard ce soir, monseigneur."

"Oui, oui, très tard, et un chauffeur qui ne connaît pas la route. Je vous suis bien obligé, connétable. Dites-lui comment y aller, et voici un souverain pour vous."

Un policier n'aime pas un souverain, bien sûr, et celui-ci était aussi méchant que les autres. Je suppose qu'il passa le quart d'heure suivant à me montrer comment y aller, et quand cela fut fait , il salua Sa Seigneurie d'une belle manière militaire. Pour être honnête, je peux dire que nous sommes sortis du Potter's Bar avec brio et , pendant les dix minutes suivantes, j'ai roulé lentement dans des ruelles sombres avec des virages assez pointus pour des cahiers et des haies si hautes qu'un homme ne pouvait pas se sentir à l'aise. l'obscurité. Quand nous sommes sortis de là , nous sommes arrivés à cinq carrefours et à un grand panneau indicateur ; et ici, je me souvenais, le policier m'avait dit de prendre la route du milieu à gauche et que je trouverais Five Corners un quart de mille plus loin. J'étais donc en train de faire demi-tour avec la grosse voiture quand, ce qui aurait dû arriver, sans que le signal m'ait dit de m'arrêter, et, revenant en un tournemain, j'ai attendu que Sa Seigneurie parle.

"Britten", dit-il, car je lui avais déjà dit mon nom une demi-douzaine de fois, "Britten, c'est très important pour moi. Je gagnerai quinze livres si tu fais bien le travail. Conduis juste jusqu'au lodge. , et quand l'homme ouvre, vous dites : « Sa Seigneurie est très tard ce soir. » Après cela, vous resterez sur la route la plus basse et arriverez à un autre pavillon. Là, quand vous les réveillerez, vous leur direz : « Sa Seigneurie est très tôt ce matin », et après cela, vous partirez tout aussi fort. comme la vieille voiture peut vous emmener. Je suis d'humeur à m'amuser ce soir, et quoi que je fasse, ce n'est pas votre responsabilité, alors ne vous inquiétez pas, mon garçon. Je vous exonérerai si il y a n'importe quelle histoire, mais il ne peut y en avoir, car un homme peut sûrement traverser son propre parc en voiture quand il en a envie.

J'ai répondu "Bien sûr qu'il l'avait fait", car que pourrais-je dire d'autre ? Plus j'avançais dans ce travail, plus il me paraissait fou. Peut-être juste à cause de sa folie, j'ai décidé d'en voir la fin. Après tout, ma maîtresse m'avait ordonné de conduire ce monsieur, et quoi qu'il décide de faire ne me regardait pas. Si je dis toute la vérité et dis que je le considère comme un fou avec lequel il serait dangereux de se quereller, eh bien, il n'y a pas de mal à cela ; car combien auraient agi différemment, et où est le blâme ? Les seigneurs deviennent fous comme les autres, malgré toutes leurs couronnes ; et ils semblent vivre de bons moments dans cet état. J'ai dit que Lord Crossborough était soit idiot, soit qu'il s'adonnait à un jeu profond ; et, avec cela pour me tenir éveillé, je me suis dirigé directement vers les portes du lodge et j'ai crié pour qu'ils me laissent entrer.

Il y eut une longue attente ici, quinze bonnes minutes ou plus, avant qu'une jeune fille aux cheveux ébouriffés n'ouvre la petite fenêtre de la chaumière et me demande ce que je voulais. Quand je lui ai dit d'avoir l'air vif et de ne pas faire attendre Sa Seigneurie, je crois qu'elle m'a ri au nez.

"Eh bien, il n'a pas quitté la maison depuis un mois !" pleure-t-elle. "Maintenant, ne me le dis pas!"

"Oh, mais je vais vous dire... ça et bien plus encore, si vous ne vous dépêchez pas. Ne voyez-vous pas que j'ai ramené Sa Seigneurie à la maison ?"

« Oh, mon Dieu », dit-elle, toute troublée ; "Je suis sûr que je demande pardon à Sa Seigneurie..." et sur ce, elle descendit comme un coup de feu et ouvrit la porte. Pour ma part, je n'avais plus rien à lui dire, à l'exception de la remarque que Lord Crossborough m'avait ordonné de faire, et en m'exclamant : « Sa Seigneurie est tard ce soir », j'ai embrayé et j'ai démarré la voiture. Un coup d'œil derrière moi me montra mon passager profondément endormi, avec la jeune fille qui le regardait de tous ses yeux. Mais elle n'en dit pas plus, et je continuai ma route, et j'avais à peine parcouru cinquante mètres que le signal fonctionnait à nouveau.

"Oh," dis-je, "alors nous n'avons aucune sorte de loir, bien sûr. Nous nous endormons et nous nous réveillons à nouveau en cinq minutes" ; mais j'ai ralenti la voiture selon ses instructions, et immédiatement après, il a attiré mon attention sur un autre groupe qui partageait la route avec nous et était aussi curieux que la jeune fille. C'était un policier et il avait franchi les portes du lodge sur nos talons.

Je ne sais pas comment c'est, mais si vous faites quelque chose dont vous avez le moindre doute, la vue d'un policier vous donne toujours la chair de poule. Je n'en vois jamais, mais je me demande s'il m'a chronométré, s'il s'est disputé avec mes plaques d'immatriculation, ou s'il a fait l'une ou l'autre de ces choses que font les policiers et que nous, les pauvres diables, payons.

Cette fois, j'avais vraiment peur et je ne m'en cachais pas. La scène de Portman Square, les cris des femmes, la maison vide, les tentures noires, les discussions sur le duel et les paroles mystérieuses de Sa Seigneurie sur le capitaine Blackham ne le troublaient plus : elles sont tombées sur moi en un éclair et ont failli me chasser. idiot. Ce n'était pas le cas de monseigneur lui-même : je ne l'avais jamais vu plus calme.

« Bonjour, connétable, dit-il, et que puis-je faire pour vous ?

"Je vous demande pardon, monsieur", dit l'homme en descendant de cheval tout en parlant, "mais il y a un télégramme de Londres concernant votre maison de Portman Square, et je suis venu voir si vous en savez quelque chose."

" Bien sûr que oui, connétable, mais c'est très gentil de votre part. Dites-leur que tout va bien, juste une petite fête avec quelques-uns de mes vieux amis. Et voici un souverain pour vous ; rappelez plus tard si vous avez quelque chose à dire. Je suis à moitié endormi et mort de fatigue. »

Il jeta un souverain sur l'herbe, et le sergent de police le ramassa assez vivement. Je pensais qu'il y avait une sorte d'hésitation dans son comportement, mais je n'y parvenais pas. Cependant, tout ce qu'il pensait ou voulait dire, il le gardait pour lui, et après avoir remarqué que la matinée se lèverait bien et qu'il était très obligé envers Sa Seigneurie, il monta à cheval et partit. Ce fut à ce moment-là que Lord Crossborough cessa de faire fonctionner le signal et, ouvrant la fenêtre de devant, me parla directement.

"Arrêtez votre moteur", dit-il à voix basse, "et veillez à ne pas le démarrer tant que cet homme n'est pas sorti du parc."

J'ai trouvé cet ordre étrange, mais j'ai fait ce qu'il voulait. Il était clair pour moi, comme cela aurait été clair pour n'importe qui, qu'il ne souhaitait pas que le connétable nous voie prendre la route inférieure, et qu'il avait imaginé cette astuce pour faire fonctionner sa volonté. Je suis moi-même assez doué pour arrêter mon moteur et ne pouvoir le démarrer, surtout lorsque mon maître ou ma maîtresse veut arriver précipitamment et ne consulte pas ma convenance. J'étais donc descendu en un tournemain lorsque

Sa Seigneurie a parlé, et je suis resté là, faisant semblant de balancer la poignée et de fouiller à l'intérieur du capot jusqu'à ce que le sergent ait tourné au coin de l'allée et que je puisse continuer en toute sécurité.

La seconde loge se trouvait peut-être à un tiers de mille de l'endroit où nous nous étions arrêtés, et il fallait passer à moins de cent mètres de la maison elle-même pour y arriver. Il n'était pas nécessaire qu'on me dise de ne pas klaxonner en passant, et nous avancions gentiment quand — et c'était quelque chose qui me frappa en plein visage — nous tombâmes sur un homme qui marchait sous les arbres. du côté du lac, et il – croyez-moi ou non comme vous voulez – était l'image très vivante de mon passager. "Bon dieu!" dis-je, "alors ils sont deux ", et en un clin d'œil, toute la nature des affaires de cette nuit m'a paru claire.

Un homme tout comme Sa Seigneurie, vêtu d'un costume en tweed et avec un gros bâton à la main – un homme avec une barbe noire touffue, un front rond et plein, et la démarche et les mouvements mêmes de l'homme que je portais. Que devais-je penser de lui, qu'en penser ? Eh bien, je peux difficilement vous le dire, car à peine avons-nous aperçu l'homme que mon passager m'a hurlé de continuer tout droit et, s'étant caché dans la landaulette, il s'est caché aussi complètement à la vue que s'il avait été dans la boîte à outils. Pour ma part, me souvenant du vieil adage selon lequel « un centime vaut une livre », j'ai simplement laissé la Daimler voler, et nous avons parcouru l'allée et sommes montés au lodge aussi vite qu'une voiture a jamais parcouru cette route particulière ou le fera. quelles que soient les circonstances.

"Porte", j'ai rugi, "porte, porte !" car le cadenas était assez simple et entouré d'une bonne chaîne solide. Personne ne m'a répondu pendant plus de cinq minutes, je suppose, et à peine un vieil homme est-il apparu que j'ai vu l'étranger avec sa barbe noire et touffue, le double de Sa Seigneurie, courir dans l'allée de toutes ses forces et brailler pour le portier de ne pas ouvrir.

C'est un moment critique, ma parole, et un moment qui met le cœur d'un homme dans sa bouche : le vieil homme gâteux chancelant vers la porte ; l'étranger courant comme un lauréat ; Lord Crossborough lui-même, replié au fond de la landaulette, et moi assis là, le pied sur l'embrayage, la main sur l'accélérateur, et mon pouls sonnant comme une heure. Devons-nous le faire ou non ? Serait-il fermé ou ouvert ? La question répondit d'elle-même un instant plus tard, lorsque le logeur, ne voyant pas l'autre individu, entrouvrit les portes de fer et laissa mon bonnet entre elles. La voiture l'a presque renversé alors que nous courions à travers - je pouvais l'entendre crier « Stop ! » même au-dessus du bourdonnement du moteur.

Vous n'aurez pas oublié que Monseigneur m'avait dit d'y aller, au diable le cuir, dès que j'avais franchi le portail, et bien je lui ai obéi. Les ruelles étaient étroites et sinueuses ; il y avait des brumes matinales qui montaient des champs ; nous avons croisé plus d'une charrette du marché et avons failli perdre nos ailes. Mais je voulais gagner quinze des meilleurs, et j'ai bien travaillé pour eux. Entrez dans le Potter's Bar, sortez-en et prenez le virage en direction de Prickly Hill. Je n'aurais pas pu conduire plus vite si j'avais eu toute la police du comté à mes trousses – et Dieu sait si je l'avais fait ou non.

Cela nous a amenés à Barnet en un rien de temps. Nous en faisions encore quarante en entrant dans la ville, et nous en serions sortis à vingt-cinq après avoir dépassé l'église et le poste de police - nous l'aurions fait, dis-je, n'eût été un petit fait, et c'était un petit fait. gros sergent de police en plein milieu de la route, la main levée comme un gigot de mouton, et une voix qui aurait pu héler un cambrioleur.

« Tiens, toi, s'écria-t-il alors que je m'approchais, qui as-tu dans cette voiture ?

"Pourquoi," dis-je, "qui devrais-je avoir sinon quelqu'un qui a le droit d'être là ? Demandez à Sa Seigneurie pour lui-même."

« Sa Seigneurie… voulez-vous dire Lord Crossborough ? »

Je suis allé dire "Oui", juste au moment où il ouvrait la porte. Vous jugerez ce que j'en ai pensé lorsqu'un coup d'œil derrière moi m'a montré que la landaulette était vide.

"Maintenant, de qui te moques-tu ?" s'écria le sergent en ouvrant grande la porte. "Il n'y a pas de seigneurie ici. Que veux-tu dire par dire qu'il y en avait ?"

"Eh bien, il était là quand j'ai quitté Five Corners——"

" Quoi ! tu viens de chez lui ? "

« Tout de suite, dis-je, et sans appel. Demandez-lui vous-même.

Il pouvait voir que j'étais sidéré et que je lui disais la vérité. Il y avait la landaulette vide comme une boîte de chocolats quand la femme de chambre en a fini avec eux. Comment Lord Crossborough est sorti et où il était allé lorsqu'il est sorti, je n'en savais pas plus que les morts. Une chose était claire : j'étais aussi propre que n'importe quel novice dans n'importe quelle foire de campagne. Et je n'ai pas hésité à en parler au sergent.

"Il m'a demandé de le conduire de la ville à sa maison à Five Corners. Ma maîtresse m'a dit de l'emmener, et je l'ai fait. Je devais avoir quinze des meilleurs pour le travail - et ici vous voyez ce que j'obtiens. Oh , tu paries que je suis heureux."

J'ai parlé avec une certaine émotion, et vous pouvez être sûr que je me suis senti plutôt gentil envers Lord Crossborough à ce moment-là. Être éveillé toute la nuit et courir comme une « culotte jaune », avoir les oreilles pleines de promesses et la peau trempée de brumes, pour me retrouver bloqué à Barnet à la fin. C'était plus que le caractère d'un homme ne pouvait supporter, et c'est ce que j'ai dit au sergent.

"Eh bien," dis-je, "la prochaine fois que je le rencontrerai, j'aurai quelque chose d'assez fort à dire à ce même Lord Crossborough , et vous pourrez le lui dire quand vous le verrez."

"Voyez-le... j'aimerais que nous puissions le voir. Il y a la moitié de la police du comté qui le recherche en ce moment. Oh, nous aimerions bien le voir, ainsi que quelques autres. Maintenant, vous descendez au commissariat et Racontez-nous tout cela. Il y aura une tasse de café chaud là-bas, et j'ose dire que cela ne vous dérangera pas.

J'ai dit que je ne le ferais pas et je l'ai suivi. Un inspecteur de la gare a consigné mon histoire depuis le moment où je suis parti du Carlton jusqu'au moment où j'ai quitté Five Corners. Pourquoi il le voulait, ce que Lord Crossborough avait fait ou ce qu'il allait faire, ils ne me l'ont pas dit et je m'en fichais. Mais ils m'ont offert un bon petit déjeuner avant de me renvoyer, et c'était à peu près la meilleure chose que j'avais mangée depuis douze longues heures. Il était onze heures quand je revins enfin en ville. Et à trois heures précises, je revis ma maîtresse.

Vous imaginerez facilement que j'étais heureux de cette entrevue et que je l'attendais avec impatience depuis le moment où j'ai conduit la voiture dans l'écurie jusqu'au moment où elle est sortie. Miss Dartel possédait alors un appartement à Bayswater ; mais elle ne m'a pas fait venir là-bas, et c'est au théâtre que je l'ai vue, dans sa loge, entre les actes d'une répétition. Un monsieur rasé de près lui parlait quand j'entrai, et pendant un moment je ne le reconnus pas ; mais bientôt il se retourna, et quelque chose dans son attitude et dans le ton de sa voix me fit lever les yeux assez brusquement.

"Eh bien," dis-je, "Sa Seigneurie!"

Ils rirent tous les deux et Miss Dartel leva le doigt.

"Qu'est-ce que tu dis, Britten ?" s'écria-t-elle. "C'est M. Jermyn, du Hicks Theatre."

"Jermyn ou French", dis-je, mon humeur s'élevant, "c'est l'homme que j'ai conduit à Five Corners hier soir - et quinze livres il me doit, ni plus ni moins."

Eh bien, ils rirent encore tous les deux, et le monsieur sortit un portefeuille de la poche intérieure de son manteau et déposa trois billets de cinq livres sur la table. Pendant qu'ils étaient là, Miss Dartel leur pose ses jolis doigts et commence à parler en toute confidentialité :

"Britten", dit-elle, "il y a quinze livres. J'oserais dire que ce serait cinquante si tu avais une très mauvaise mémoire, Britten, et que tu ne pouvais pas reconnaître le monsieur que tu as récupéré hier soir. Maintenant, penses-tu que tu as un tel poids?" mauvais souvenir comme ça ? »

Je l'ai allumé en une minute et j'y ai répondu très honnêtement.

« Il faut que je sache plus ou moins, madame, dis-je. Rappelez-vous que mes intérêts ne sont pas ceux de ce monsieur.

" Oh, c'est tout à fait juste, Britten, même si, naturellement, nous n'en savons rien. Mais on dit que le pauvre Lord Crossborough a fait des bêtises à propos de la vie rurale. Il a lu les livres de Tolstoï et veut vivre avec un shilling par jour ; tandis que pauvre Lady Crossborough , qui connaît très bien mon cousin, le capitaine Blackham, elle s'ennuie à mourir, et ça la tuera si ça continue. Alors, voyez-vous, elle a persuadé Sa Seigneurie de donner cette drôle de fête dans son ancienne maison de Portman. Square hier soir, et tous les journaux en rient aujourd'hui, et il sera irrité de sa vie. Je suis sûr que Lady Crossborough obtiendra ce qu'elle veut maintenant, Britten; et quand la police apprendra, ce n'était qu'un "Excentricité de la part de Sa Seigneurie, ils ne diront rien. Maintenant, pensez-vous que vous seriez capable de jurer que l'homme que vous avez conduit hier soir ressemblait beaucoup à Lord Crossborough ? Si c'est le cas, ce serait une chance, et je suis je suis sûr que Madame vous donnera cinquante livres.

J'y ai réfléchi une minute, enroulant les billets et les mettant dans ma poche. Bien sûr, je pouvais jurer comme elle le voulait. Et cinquante des meilleurs. Bon Dieu, quelle tentation !

Mais je vous le dis franchement, j'ai reçu les cinquante et je n'ai jamais rien juré. La fête était un travail organisé par Lady Crossborough . L'homme que je conduisais était M. Jermyn, du Hicks Theatre, et le monde et les journaux se moquaient si fort de Sa Seigneurie, qui n'avait jamais convaincu personne qu'il ne l'avait pas fait, qu'il partit précipitamment pour l'Inde, et jamais je suis revenu pour douze mois. Ce qui me prouve que l'honnêteté est la meilleure politique, comme je le déclarerai toujours.

Et encore une chose : où M. Jermyn est-il descendu de ma voiture ? Eh bien, juste au moment où je ralentissais au coin de l'église de Barnet – à moins de cent mètres de l'endroit où le policier m'a arrêté. Un acteur intelligent – eh bien, oui, c'est lui.

[1] Le rédacteur a laissé M. Britten parler pour lui-même à sa manière lorsque cela semble caractéristique de son emploi.

[2]] L'orthographe de Quat'z -Arts utilisée par M. Britten est excentrique.

LE MARIAGE D'ARGENT

Oui, je n'oublierai jamais « Benny » et je n'oublierai jamais ses beaux cheveux roux. Messieurs, j'ai conduit pour beaucoup... et pour l'autre sorte, mais "Benny" n'était ni l'un ni l'autre - pas un homme, mais une tribu... pas un juif ni encore un chrétien, mais juste quelque chose que l'on rencontre. chaque jour et tous les jours — un gros tas de bonne humeur maladroite, qui se dispute avec une moitié du monde et prend la bière de Bass avec l'autre. C'était Benjamin Colmacher , « Benny » en abrégé, c'était le maître dont je voulais vous parler.

J'étais sans emploi à ce moment-là, j'avais obtenu une approbation à Hayward's Heath et y avais laissé une affaire de six livres pour que les juges puissent s'en occuper. Le temps, c'est de l'argent, disent-ils, et j'ai constaté qu'il en était ainsi... généralement cinq livres et coûte, mais plus si vous prenez une quantité. Il n'est pas facile pour un homme bon avec des connaissances en mécanique routière et cinq ans d'expérience, en course ou ailleurs, de se positionner de nos jours, alors que n'importe quel palefrenier peut se faire faire un " shuffer " pour cinq livres dans un magasin de meurtre. , et n'importe quel vieux cocher est assez jeune pour mettre son gouverneur dans le fossé. Mes connaissances et mon expérience étaient épuisées depuis exactement trois mois lorsque j'ai entendu parler de Benny et que je me suis précipité vers son appartement près de Russell Square, "juste le type qu'il vous faut", disaient-ils au garage. Je l'ai pensé aussi quand je l'ai vu.

C'était un bel appartement, ma foi, et rempli de suffisamment de fal - del- als pour plaire à une duchesse de la Gaieté. Benny lui-même, ses cheveux roux coiffés à plat et huilés comme un commutateur disparu, portait une robe de chambre en soie japonaise qui aurait fait exploser une voiture à vapeur. Son petit-déjeuner, ai-je observé, consistait en un brandy-soda et une grappe de raisin ; mais le cigare qu'il m'offrait était aussi long qu'une botte de policier, et le type qui le portait sortait d'une bouche aussi pleine de fines dents blanches qu'une cosse de pois.

« Bonjour », dit-il en hochant la tête avec affabilité ; » et ensuite : « Vous êtes Lionel Britten, je suppose ?

"Oui", dis-je - car aucun mécanicien routier qui se respecte ne fera "monsieur" comme Benny Colmacher pour commencer - "c'est mon nom, même si mes amis m'appellent Lal en abrégé. Vous voulez un chauffeur, je entendre."

Il s'est assis dans un grand fauteuil et m'a regardé de haut en bas comme un vétérinaire regarde un cheval.

"Je veux un chauffeur", dit-il, "mais comment vous l'avez appris, Dieu le sait."

"Eh bien," dis-je, "c'est drôle, n'est-ce pas ? Nous voulons tous les deux la même chose, car je vois que tu es juste le gentleman avec qui j'aimerais avoir affaire."

Il sourit et sembla y réfléchir. Il posa alors une question simple. Je lui ai répondu aussi brièvement.

"Où as-tu entendu parler de moi ?" Il a demandé.

"Au garage de Blundell", répondis-je.

"Et j'achetais une voiture ?"

"Oui, un Daimler cinquante-sept… c'était ça le discours."

"Pourriez-vous conduire une voiture comme celle-là ?"

« Pourrais-je… oh, mes parrains… »

"Alors tu as piloté des voitures rapides ?"

" J'ai roulé avec Fournier dans le Paris-Bordeaux, j'ai traversé la Florio pour les gens de Fiat et j'ai conduit la grosse Delahaye à peine à cent trois milles à l'heure. Lisez mes papiers, monsieur… ils vous montreront ce que J'ai fait."

Je lui ai mis un paquet dans la main et il en a lu quelques mots. Lorsqu'il me regarda ensuite, il y avait quelque chose dans ses yeux qui me surprit considérablement. Certains auraient dit que c'était de la ruse, d'autres de la curiosité ; Je ne savais pas quoi en penser.

"Pourquoi voudrais-tu conduire pour moi ?" » demanda-t-il à présent.

"Parce que," dis-je assez rapidement, "il est clair que vous êtes un gentleman pour qui tout le monde aimerait conduire."

"Mais tu ne sais rien du tout de moi."

"C'est justement ça, monsieur. Les gens les plus gentils sont ceux dont on ne sait rien du tout."

Il rit bruyamment et se servit du cognac et du soda, mais n'en but pas trop. Je vis qu'il était très soulagé, et il parla ensuite avec plus de liberté.

"Vous êtes quelqu'un qui sait tenir sa langue ?" suggéra-t-il. J'ai répondu que, en ce qui concerne les langues, j'avais la mienne dans un étau de quatre pouces.

"Surtout en ce qui concerne les dames ?"

"Je préférerais leur parler plutôt que d'eux, monsieur."

"C'est vrai, c'est vrai. Ne prends pas la bonne quand tu peux avoir la maîtresse, hein ?"

"Prenez les deux comme choix, c'est ma devise."

"Tu n'es pas marié, Britten ?"

"Aucun malheur de ce genre ne m'a rattrapé, monsieur."

"Ha!" - ici il lorgnait comme un acteur au Vic - "et ça ne vous dérange pas de conduire la nuit?"

"Je le préfère de beaucoup, monsieur."

Il jeta un nouveau regard noir et parut extrêmement content. Quelques questions supplémentaires posées et auxquelles j'ai répondu m'ont permis d'obtenir ce travail assez bien... et un bon bon travail aussi, comme les choses le sont aujourd'hui. Je devais avoir quatre livres par semaine et des livrées. Un type comme « Benny » Colmacher ne serait pas homme à poser des questions sur les pneus et l'essence, et s'il le faisait, je savais comment faire le plein de ses réservoirs à sa place. Assurez-vous que je suis parti à toute vitesse et que j'ai mangé un meilleur déjeuner que celui que je m'étais offert depuis six mois ou plus. Qui était cet homme, ou ce qu'il était, je m'en fichais. J'avais obtenu le poste et, demain, je me lèverais de nouveau sur le siège conducteur d'une voiture. Vous ne pouvez pas vous étonner que j'étais content.

J'ai bien dormi cette nuit-là et j'étais chez Benny tôt le lendemain matin. Si j'avais été surpris de ma chance hier, surprise n'était pas un mot pour décrire ce que j'ai ressenti lorsque le voiturier m'a ouvert la porte et m'a dit que M. Colmacher était à la campagne et ne reviendrait pas avant un mois. Pas un mot n'avait été dit à ce sujet, remarquez, pas la moindre allusion à cela ; et pourtant le monsieur raide et amidonné pouvait m'annoncer la nouvelle aussi froidement que s'il avait dit : « Mon maître a traversé la rue pour voir un ami. Lorsque je lui ai demandé s'il n'y avait pas de message pour moi, il a simplement répondu : « Aucun ».

"Il n'a donné aucune instruction concernant la voiture ?"

"La voiture est au chantier en réparation."

"Mais j'étais engagé pour la conduire———"

"Vous conduirez M. Colmacher à son retour."

"Et mon salaire...?"

"Oh, ceux-là seront payés. C'est un endroit où ils savent ce qui nous est dû."

"Et je ne dois rien faire en attendant ?"

"Si vous n'avez rien à faire, bien sûr."

C'était une chose étrange à entendre, bien sûr, et vous pouvez bien comprendre mon hésitation tandis que je me tenais là sur le palier et que j'observais ce valet de chambre raide et empesé, qui venait peut-être de sortir d'une boutique de tailleur. Les hommes ne sont généralement pas réservés entre eux, mais celui-ci m'a complètement battu et je l'aimais peu. On ne rencontre pas souvent une telle manière de ne pas me toucher ou je vais disparaître, même à Park Lane, et j'ai vite compris que, quoi qu'il arrive, Joseph, le valet de chambre, comme on l'appelait, , et Lal Britten, le « shuffer », n'allaient jamais ensemble au pôle Nord.

« Si cela ne fait rien, dis-je enfin, M. Colmacher n'aura pas à se plaindre de son chauffeur. Dois-je rappeler ou m'enverra-t-il chercher ?

"Il vous enverra chercher, à moins que vous ne souhaitiez voir M. Walter entre-temps ?"

J'ai regardé ça. Il n'y avait pas eu de « M. Walter » dans l'entreprise auparavant.

« M. Walter… et qui peut être M. Walter ? »

"C'est le fils de M. Colmacher ."

"Alors je le verrai dès que tu le voudras."

Il hocha la tête et m'invita à entrer. Bientôt, je me retrouvai dans une belle chambre de l'autre côté de l'appartement, et quelle ne fut pas ma surprise de découvrir M. Walter lui-même au lit avec une grosse coupure au front et le bras droit à l'intérieur. une écharpe. C'était un jeune homme maigre et pâle, mais avec un visage aussi cadavérique que j'ai jamais vu ; et quand il parlait, sa voix semblait venir de l'arrière de sa tête.

"Vous êtes le nouveau chauffeur engagé par mon père ?"

"Oui, monsieur, je suis pareil."

« J'espère que vous comprenez les voitures puissantes. Mon père vous a-t-il dit que la nôtre était une voiture à vapeur ?

"Il a parlé d'un Daimler cinquante-sept, monsieur."

"Mais vous avez de l'expérience avec les voitures à vapeur——"

« Comment le saviez-vous, monsieur ?

Il sourit doucement.

"Nous avons fait des recherches, bien entendu, nous devrions le faire."

"Alors vous n'avez pas été mal informé. J'ai conduit une Blanche de trente chevaux pendant trois mois l'année dernière."

"Ah, la même voiture que nous conduisons. Malheureusement, je ne peux pas aider mon père pour le moment, car j'ai eu un accident... sur le terrain de chasse."

J'ai bronché là-dessus. En règle générale, les automobilistes ne connaissent pas grand-chose au domaine de la chasse, mais je n'étais pas si idiot au point de supposer que les hommes chassaient en juillet.

"Chasse, avez-vous dit, monsieur ?"

"C'est-à-dire essayer un cheval pour la saison de chasse. Eh bien, vous pouvez y aller maintenant. Laissez votre adresse à Joseph. Mon père vous enverra chercher à son retour, et en attendant vous êtes en liberté."

Je l'ai remercié et je suis parti. Curieusement, ce type ne m'a pas plus plu que le valet de chambre. Son sourire était laid, son air renfrogné encore plus laid, surtout quand je faisais cette remarque à propos du terrain de chasse. « Mieux vaut tenir ta langue, Lal, mon garçon, me dis-je ; et résolu à le garder pour l'avenir, je me rendis à mes propres fouilles et je n'entendis plus parler des Colmacher , père ou fils, pendant exactement vingt et un jours. Le matin du 22, je me trouvai de nouveau à l'appartement. « Benny » Colmacher était revenu et se rappelait qu'il m'avait payé trois semaines de salaire.

Nous étions au milieu du mois d'août et « Benny » était certainement habillé pour la campagne. Un costume de idem à pois s'est imposé, pour ainsi dire, avec ses cheveux roux bouclés, et a pris le dessus de loin. Il avait une rose blanche à la boutonnière et ses manières étaient aussi douces que l'aspirateur B sorti d'une boîte de conserve bien propre. Il venait juste de prendre son petit-déjeuner avec son brandy-soda et ses toasts secs habituels lorsque je suis entré ; et le gros cigare faisait la sentinelle sur sa bouche tout le temps qu'il me parlait.

«Entrez, entrez, Britten», cria-t-il pompeusement à mon arrivée. « Tu aimes ton logement, j'espère – tu ne trouves pas le travail trop dur ?

"C'est vraiment, monsieur, un endroit très agréable pour un jeune homme délicat comme moi."

"Ah, mais nous allons être un peu plus occupés. Est-ce que M. Walter vous a montré la voiture ?"

"Non, monsieur, pas encore. J'ai entendu dire que c'était un bateau à vapeur blanc, cependant."

"Oui, oui, j'aime les voitures à vapeur, elles ne me secouent pas. Quand un homme pèse quinze kilos , il n'aime pas être secoué, Britten, ce n'est pas bon pour sa digestion, hein ? Eh bien, tu descends à Bedford Mews, n° 23B, et dites-moi si vous pouvez faire avancer les choses demain à dix heures – jusqu'à Watford, Britten. C'est l'endroit, Watford. J'ai quelque chose là-bas – quelque chose très important. Sur mon âme, je ne sais pas pourquoi je ne devrais pas vous le dire. Il s'agit d'une dame, Britten… ha, ha !… d'une dame.

Eh bien, il souriait sur tout son visage, tout comme le gorille rieur du zoo, et il a continué à sourire pendant deux minutes ou plus. Un tel rire vous attrapait, que vous le vouliez ou non ; et même si je ne me souciais pas de ses affaires, et encore moins de la dame, je riais ici aussi fort que lui, et apparemment tout aussi content.

"Est-ce une jeune femme ?" J'ai osé demander à l'instant. Mais il cessa de rire et parut très sérieux.

"Il ne faut pas me questionner, mon garçon", dit-il un peu fièrement. " J'aime que mes domestiques aient ma confiance, mais ils ne doivent pas me le demander. Nous descendons à Watford, cela vous suffit. Préparez la voiture le plus tôt possible et prévenez-moi immédiatement s'il y a quelque chose. " le problème avec elle.

Je lui ai promis de le faire et je me suis immédiatement rendu aux écuries. « Benny » me semblait n'être qu'un vieux fou d'amour et de bonne humeur, qui s'était procuré une nouvelle fille à la campagne et qui allait la cuiller. La voiture que j'ai trouvée était l'une des quarante dernières White en finition haut de gamme. Elle a immédiatement fumé, et quand j'ai installé un nouveau radiateur, il n'y avait plus rien à lui faire, à part la laver, chose qu'aucun mécanicien qui se respecte ne fera jamais s'il peut en trouver un autre pour prendre le travail. pour lui. J'ai donc embauché un fainéant qui traînait dans les écuries et je l'ai mis au travail pendant que je lisais les journaux et fumais une cigarette.

C'était un petit con enjoué, bien sûr, un de ces « non-adultes » qu'on rencontre dans les écuries, et assez prêt à bavarder quand je lui en laissais l'occasion.

"C'est une merveille, Colmacher ", remarqua-t-il en éclaboussant et en sifflant sur les roues. "Il sort sa voiture une demi-douzaine de fois en autant d'heures, puis ne roule jamais avec elle pendant trois mois. Vous seriez fiancé à la place de M. Walter, je suppose. On dit qu'il est parti en Amérique, mais je ne le fais pas. je sais à juste titre si c'est vrai ou non. »

Je lui ai répondu sans lever les yeux de mon journal.

"Qui a dit qu'il était en Amérique ?"

"Eh bien, les domestiques le disent. Ellen, la femme de chambre et moi, mais ce n'est pas pour les journaux. Alors , la maison de M. Walter, n'est-ce pas ? Eh bien, il se promène, c'est sûr, et il n'est pas parti pour New York. il y a dix jours. »

"Tu as l'air d'être en colère à ce sujet, mon garçon."

" Eh bien non, ce n'est rien pour moi, bien sûr, même si je dois dire que Benny est celui qui est selon mon propre cœur. Les filles qu'il connaît , et surtout après elles quand le soleil se couche. Serait-ce les jeunes ? " dame à Bristol cette fois-ci, ou une autre ? Il a été très malade dans le Wiltshire la dernière fois que j'ai entendu parler de lui , mais peut-être qu'il s'est guéri tout seul en buvant ces eaux. De toute façon, ce n'est rien pour moi, car je pars. à Margate demain.

Il attendit que je parle, mais voyant que j'étais déterminé à lire mon article, il ne fit aucune autre remarque jusqu'à ce que son travail soit terminé. La prochaine fois que je l' ai revu , c'était le lendemain à onze heures, juste au moment où je conduisais la voiture jusqu'à "Benny's" pour emmener le vieux garçon à Watford comme il le souhaitait. Sautant sur la marche, le garçon posa une drôle de question :

"Vous êtes un bon type", dit-il. "Voulez-vous m'envoyer ce petit télégramme de n'importe quel endroit où vous aurez l'occasion de vous arrêter ce soir ?"

"Pourquoi, quoi de neuf maintenant ?" J'ai demandé.

"Pas grand-chose, mais mon vieil oncle ne me laisse pas partir et je veux emmener Ellen à Margate pour la journée. Ce télégramme dit que ma mère est malade et qu'elle veut de moi. Voulez-vous l'envoyer et indiquer le nom de l'endroit où tu t'arrêtes ce soir ?

J'ai dit que je le ferais, et mettant les six pence dans mon gant et le formulaire dans ma poche, je n'y ai plus pensé et je suis allé directement chez Benny. Le vieux garçon était habillé dignement pour épouser tout le ballet de la Gaieté, redingote blanche, chapeau blanc et une rose grosse comme une tomate à la boutonnière. Au valet de chambre, il donna ses indications d'une voix qu'on aurait pu entendre au milieu de la rue. Il se rendait à Watford et reviendrait dans une semaine.

« Attention, cria-t-il, je reste aux Armes du Roi et vous pourrez y envoyer mes lettres. Puis il m'a fait un signe de la main et nous sommes partis. La route vers Watford via Edgware est pleine de pièges d'un bout à l'autre et, même si la Blanche allait, je n'ai pas osé la laisser sortir. Il était un peu plus de onze heures et demie lorsque nous avons quitté la ville, et environ une heure moins le quart lorsque nous sommes descendus de la colline jusqu'à la ville de Watford. Ici, "Benny" s'est penché et m'a parlé.

« Je ne déjeunerai pas ici », s'écria-t-il, comme si l'idée lui était venue soudainement ; "Rendez-vous à St. Albans ou à Hatfield si vous voulez. Le Lion Rouge me fera l'affaire ; continuez là-bas et ne vous pressez pas."

Je n'ai pas répondu, mais j'ai traversé tranquillement la ville, puis j'ai emprunté l'ancienne grande route jusqu'à St. Albans et de là jusqu'à Hatfield. À vrai dire, la voiture m'intéressait bien plus que le vieux Benny et ses projets. Elle fumait à merveille et j'avais tout le temps une pression de six cents livres. Même si c'était le cas, peu m'importait que le vieux Benny déjeunât à Watford ou à Édimbourg, et quant à son aventure avec la jeune fille, eh bien, on ne pouvait pas s'attendre à ce que je parle de la chance d'un autre homme. En fait, j'avais tout oublié bien avant notre arrivée à Hatfield, et lorsque nous avons déjeuné et que le vieux type s'est soudain rappelé qu'il aimerait passer la nuit à Newmarket, je n'ai pas été si surpris - car c'est l'habitude des automobilistes. partout dans le monde, et il y a la merveille de l'automobile, que, que vous souhaitiez dormir là où vous êtes ou à cent milles de distance, elle fera les affaires à votre place et ne s'en plaindra pas.

Peut-être direz-vous que j'aurais dû être surpris, j'aurais dû deviner que cet homme manigançait un mauvais sort et repartir vers le commissariat le plus proche. Il est facile d'être prophète après coup ; et entre ce qu'un homme devrait faire et ce qu'il fait dans une occasion donnée, il y a souvent une marge assez considérable lorsqu'il s'agit des faits. J'ai conduit Benny de bon gré, sans y penser du tout. Lorsqu'il s'est arrêté dans la ville de Royston et m'a dit qu'il prendrait une tasse de thé avec un bouchon en liège, j'ai pensé que c'était exactement le genre de chose qu'un tel homme ferait. Et j'étais moi-même prêt à fumer une cigarette et à faire une promenade, car rester assis tout ce temps dans la voiture raidit les jambes d'un homme, et cela ne fait aucun doute. Mais je n'étais pas absent plus de dix minutes, et quand je suis rentré à l'hôtel, "Benny" était déjà en colère contre la porte.

"Où êtes-vous allé?" » demanda-t-il d'une voix différente de la sienne — la voix d'un homme qui sait « quoi » et qui veillera à ce qu'il comprenne. "Pourquoi n'étais-tu pas avec la voiture ?"

"Je suis allé au bureau du télégraphe", dis-je doucement, car aucune fanfaronnade ne me fera tomber du bateau, pas grand-chose.

« Bureau télégraphique ! et là, son visage devint blanc comme un drap, "pourquoi diable es-tu allé là-bas ?"

« Ce que les gens font habituellement, monsieur : envoyer un télégramme.

Nous nous sommes regardés en face pendant un moment et j'ai pu voir qu'il était désolé d'avoir parlé.

"Je suppose que tu voulais le faire savoir à tes amis", me dit-il. J'ai dit que c'était juste cela, car c'était le chemin le plus court pour s'en sortir.

"Alors sortez immédiatement la voiture et restez sur Newmarket Road. Je dormirai au Randolph Arms ce soir."

Je n'ai pas répondu et nous sommes repartis. Mais, malgré tout, j'ai beaucoup réfléchi, et pendant que le Blanc volait sur ce beau bout de route, je me demandais pourquoi Benny pâlissait lorsqu'il apprit que j'avais envoyé un télégramme. Cette affaire avec la jeune fille était-elle donc quelque chose qui pourrait nous causer des ennuis à tous les deux ? Était-il l'homme qu'il se présentait ? C'étaient les questions auxquelles je ne pouvais pas répondre, et elles étaient encore dans ma tête lorsque nous sommes arrivés au village de Whittlesford et Benny m'a soudainement ordonné de m'arrêter.

« Cela ressemble à une auberge probable », dit-il en désignant une jolie petite maison sur le côté droit de la route ; "Je pense que nous pourrions passer la nuit ici, mon garçon. Ils nous donneront un bon lit et un bon verre de whisky, de toute façon, et qu'est-ce qu'un homme veut de plus ? Conduisez la voiture dans la cour et attendez pendant que je leur parle. . Vous ne mourrez pas si nous n'arrivons pas à Newmarket ce soir, je suppose ?

J'ai dit que c'était un problème pour moi et j'ai mis la voiture dans la cour. L'auberge était magnifique et j'en aimais l'apparence. Peut-être que les nouvelles manières de Benny m'ont désarmé ; il était doux comme du lait à ce moment-là et affable comme un publicitaire avec un échantillon dans son sac. Lorsqu'il est réapparu , il avait le propriétaire avec lui et il m'a dit qu'il allait s'arrêter.

« Prépare-toi un bon dîner, mon garçon, et ensuite viens me parler, » dit-il en posant une grosse patte sur mon épaule et en me lançant un regard machiavélique. « Nous n'allons peut-être pas nous coucher ce soir, après tout, car, à vrai dire, je n'aime pas la couleur de leurs draps. Cela ne vous dérangerait pas de vous asseoir, j'imagine, sans supposer… eh bien, qu'il y avait un billet de dix livres accroché dessus ?

J'ai ouvert les yeux à cela.

« Un billet de dix livres, monsieur ?

"Oui, pour t'avoir volé ton lit. Ne m'as-tu pas dit que tu étais une merveille en conduisant la nuit. Eh bien, je veux voir de quoi tu es fait."

Je ne lui ai pas répondu et, après avoir beaucoup parlé de mon intelligence et de la façon dont la voiture avait fonctionné, il est entré et a dîné. Que penser de lui ou de sa proposition, je ne le savais pas plus que les morts. Il n'avait certainement rien fait qui me donnait le droit de le juger, et un homme qui a un travail à accomplir n'est pas trop prêt à être gentil avec ses maîtres, quelles que soient leurs actions. J'en suis venu à la conclusion qu'il n'était qu'un vieux garçon idiot devenu fou d'une fille et qu'il partait la nuit en voiture pour la voir. Toutes les discussions sur Watford et ses lettres étaient tellement ridicules et n'étaient pas destinées à la consommation domestique ; mais, en tout cas, cela ne me concernait pas et je ne pouvais pas non plus être tenu responsable de ce qu'il avait fait ou de ce qu'il avait laissé de côté.

C'était l'avis le plus sage à adopter, et cela m'a aidé par la suite. Il a fait un bon dîner, m'a-t-on dit, et a bu une bonne bouteille de porto, conservée dans les caves de la maison depuis l'époque où les messieurs se rendaient en voiture à Newmarket, et n'a d'ailleurs pas épargné l'alcool. Il était dix heures et demie lorsque je le revis, et alors il avait un des cigares roly-poly dans la bouche et le billet de dix livres dans la main.

"Britten," dit-il clairement, "tu sais pourquoi je suis venu ici ?"

"Je le pense, monsieur."

" *Chercher les femmes* , comme on dit en Boolong , je suis ici pour rencontrer la fille que je vais épouser. "

"J'espère que vous la trouverez bien, monsieur."

" Ah, c'est justement ça. Je ne la retrouverai pas bien si son vieux père peut m'en empêcher. Bon sang, il a failli la tuer avec ses serments et ses jurons ces deux derniers mois. Mais ça va s'arrêter, Britten, et s'arrêter pour -nuit. Elle attend cette voiture à Fawley Hill, qui n'est pas à 800 mètres de cette même porte.

Il s'est approché et a mis le billet de dix livres sous mon nez. "C'est la maison de Lord Hailsham , tout droit en haut de la colline, à droite, sur la grande route qui mène à Bishop's Stortford . Il y a une fête pour des noces d'argent, et Miss Davenport y reste avec son père et sa mère. Amenez-la dans cette maison et moi. " Je vous donnerai cinquante livres. Il y en a dix comme arrhes. Elle a dépassé l'âge et peut faire ce qu'elle veut - et ce n'est pas votre responsabilité, de toute façon. "

J'ai pris la note dans ma main et j'ai posé une question.

"Est-ce que je conduis jusqu'à la porte d'entrée, je ne pense pas ?"

"Vous conduisez jusqu'au bord du spinney que vous trouverez dès que vous tournez le coin. Attendez là jusqu'à ce que Miss Davenport arrive.

Ensuite conduisez-la directement ici et votre argent est gagné. Je répondrai du reste et elle répondra de se."

J'ai hoché la tête et, repliant le billet, je l'ai mis dans ma poche. La nuit était claire lorsque je m'éloignai de l'auberge, mais il y avait un peu de brume dans les champs et un peu de bon côté du spinney qu'ils m'avaient montré. Un enfant aurait pu trouver la route, cependant, car ce n'était que l'autoroute menant à Newmarket ; et après avoir parcouru quelques centaines de mètres jusqu'aux portes mêmes de la maison de Lord Hailsham , je me suis retourné et je me suis arrêté au bord de la filière, peut-être à trois cents mètres de là. Ensuite, j'ai simplement allumé une cigarette et j'ai attendu, comme on m'avait dit de le faire.

C'était un drôle de métier, ma foi. Parfois, je riais en y pensant ; parfois j'avais un petit frisson dans le dos, le genre de chose qui arrive à un homme qui s'est engagé dans une affaire de rhum et qui ne s'en sort peut-être pas bien. Quant à la fête que Lord Hailsham organisait, cela ne faisait aucun doute. J'avais vu toute la maison éclairée, depuis le grenier jusqu'à la cuisine, et quelques lumières brillaient encore entre les têtards de l' épinette ; tandis que les écuries elles-mêmes semblaient animées de cochers, de voitures et d'automobiles. La route elle-même était le seul endroit isolé que l'on aurait pu indiquer sur un tiers de mille à la ronde, mais c'était sans aucun être vivant, et seule la charrette d'un facteur m'a dépassé pendant une heure ou plus.

J'aurais dû vous dire que j'avais tourné la voiture et qu'elle se tenait maintenant avec ses phares vers la maison. Les brumes rendaient la nuit très froide et j'étais heureux de m'envelopper dans l'un des tapis du gouverneur et de fumer un paquet de cigarettes en attendant. De temps en temps , j'entendais la musique des violons, avec un écho étrange, comme si une joyeuse mélodie d'autrefois me reprochait d'être là tout seul. Quand ils ont cessé , j'ai dû m'endormir, car la prochaine chose que j'ai su, c'est que quelqu'un était occupé à côté de la voiture et que mes phares s'étaient tous deux éteints. Soyez sûr que j'ai sursauté à cela, et "Bonjour", m'écriai-je, "que diable pensez-vous faire ?" Puis j'ai vu mon erreur. La nouvelle venue était une jeune fille, une des femmes de chambre, semblait-il, et elle rangeait ses bagages dans la voiture.

"Oh", dis-je, "alors Miss Davenport arrive, n'est-ce pas ?"

La jeune fille continuait son travail en me regardant à peine. Quand elle parlait, j'ai trouvé que sa voix était très étrange ; et au lieu de me répondre elle a posé une question :

« Connaissez-vous la route de Colchester ?

« À Colchester ?

"Tu prends la première à gauche quand nous partons d'ici, puis continue tout droit jusqu'à ce que je te dise d'arrêter. Comprenez que quoi qu'il arrive, vous devez avancer aussi vite que vous le pouvez. Le reste dépend de..."

Il s'arrêta brusquement, et ce n'était pas étonnant. Si vous m'aviez donné dix mille livres pour que je me taise, j'aurais perdu l'argent à l'instant même. À votre avis, pour qui était la servante ? Eh bien, nul autre que le valet de chambre empesé, Joseph, que j'avais vu chez M. Colmacher .

"Lève-toi, mon garçon", cria-t-il en jetant tout déguisement au vent, "Tu n'entends pas ce bruit ? Ils ont découvert que Miss Davenport s'en allait et le travail est terminé. Nous le dirons à Benny demain matin - le Ce qu'il faut faire ce soir, c'est leur montrer nos talons et être vigilants. »

Il m'a dit d'écouter, et j'ai entendu sonner une sonnette d'alarme, des aboiements de chiens, puis le bruit de nombreuses voix. Certains soupçons, voire plus que cela, une hypothèse assez astucieuse sur la vérité étaient alors possibles, et j'aurais mis n'importe qui dix livres pour rien que "l'amour" n'était pas grand-chose dans cette affaire, quelle que soit sa véritable nature. . D'ailleurs, à peine l'homme avait-il sorti les mots de sa bouche que l'éclat de quelque chose de brillant qu'il avait laissé tomber par terre me fit me baisser et ramasser un bracelet de montre en or serti de diamants. Au même instant, j'ai entendu un homme courir sur la route derrière moi, et qui n'aurait dû s'approcher que le même « vaurien » qui m'a aidé à laver ma voiture hier matin.

« Tenez cet homme ! » s'écria-t-il en se jetant sur le valet. "C'est Marchant, le voleur d'hôtel Yankee. Détenez-le au nom du roi. Je suis officier de police et j'ai un mandat d'arrêt."

Maintenant, c'était quelque chose si vous voulez, et je pense que personne ne s'étonnera ni de ma surprise, ni de l'hésitation qui m'a envahi. Me retrouver ainsi confronté à deux hommes qui semblaient si différents de ce qu'ils étaient, et cela il n'y a pas vingt-quatre heures ; découvrir l'un d'eux déguisé en femme et l'autre prétendant qu'il était policier - eh bien, me reprochez-vous de rester là, la bouche grande ouverte et les yeux fixés par la surprise ? Dommage que je l'ai fait quand même, car le « vaurien » était par terre l'instant d'après, et il n'a pas fallu un second regard pour me dire qu'il mettrait longtemps avant de se relever. encore.

Je n'oublierai jamais que si je vis cent ans (ce qui serait une chance pour un homme qui ne pense pas du tout aux limitations de vitesse et qui est connu de tous les juges du Sussex), je n'oublierai jamais la façon dont ce voiturier s'est retourné contre le pauvre Kennaway. (car c'était le nom du détective) et il l'allongea à plat sur l'herbe. Un tel grognement de rage que je n'ai jamais entendu. L'homme semblait transformé en un instant d'un serviteur silencieux, réservé et taciturne à un très maniaque, se battant avec les dents et les griffes, jurant et jurant horriblement, et aussi fort qu'un gorille.

À maintes reprises , il frappait sa victime, les coups violents ressemblant à un bruit sourd de fer sur un tapis ; et bien avant que je reprenne mes esprits et que je saute au secours de Kennaway , ce pauvre garçon était insensible et gémissait sur l'herbe au bord de la route. La prochaine chose que j'ai su, c'est que j'avais un revolver aussi près de mon front qu'un revolver ne le sera jamais, et que l'homme Joseph me poussait vers la voiture, tout en disant quelque chose que je dois écouter si je me sauverait la vie.

"Lève-toi, imbécile", cria-t-il. "Veux-tu que je te traite comme je l'ai traité ? Lève-toi, ou par le Seigneur, je te fais exploser la cervelle !"

Eh bien, jugez-moi comme vous voudrez, mais je lui ai obéi comme n'importe quel enfant. Ce que j'avais essayé de faire pour le pauvre Kennaway était démontré par la coupure sur mon front, que je porterai jusqu'à mon dernier jour. Je n'ai jamais connu une telle force et un tel caractère chez aucun homme, et ils m'ont effrayé au-delà de tous les mots pour vous le dire. Il y a des êtres humains et des animaux humains, et cet homme appartenait à cette dernière espèce. Aucun maniaque délirant n'aurait pu faire pire à un semblable ; et quand je me suis levé sur le siège du conducteur et que j'ai démarré le moteur, mes mains tremblaient au point que je pouvais à peine les maintenir sur le volant.

Nous avons bondi, un rugissement de voix derrière nous et la sonnette d'alarme de la maison qui sonnait toujours. Ce que j'avais en tête, c'était surtout que je partais en route avec ce fou pour compagnon, et que tôt ou tard il me tuerait. Jugez de ma position, sachant, comme moi, qu'un meurtrier était assis dans le tonneau derrière, et qu'il tenait à la main un revolver plein. Mon Dieu! ce fut un voyage épouvantable, le plus affreux que je ferai jamais.

Il me tuerait quand cela lui conviendrait. J'en étais aussi sûr que de ma propre existence. Dans un mile ou vingt, ici dans les ruelles du Cambridgeshire , ou là-bas lorsque nous approchons de la mer, ce fou ferait l'affaire. Plus effrayant que n'importe quel danger auquel un homme puisse être confronté, ce péril était derrière moi. J'ai écouté un mot ou un son de sa part ; J'ai essayé de regarder derrière moi et de voir ce qu'il faisait. Il n'a jamais fait un mouvement, et pendant des kilomètres nous avons rugi le long de cette route silencieuse, à travers les brumes et les ténèbres, vers le but inconnu – un meurtrier et sa victime, comme je le croyais sûrement.

Il y a beaucoup d'hommes qui ont le courage d'un appel soudain, mais rares sont ceux qui peuvent supporter une épreuve de longue durée. Tout ce que je peux vous dire sur ce qu'est la peur, la peur d'une mort rapide, et de la douleur et de la torture qu'elle entraîne, ne vous transmettrait rien de mes sensations pendant cette folle promenade. Parfois, j'aurais presque souhaité qu'il y mette un terme sur-le-champ, me tirant par pitié là où j'étais assis et m'épargnant l'agonie de l'incertitude. Mais kilomètre après kilomètre, nous avancions sans un bruit de sa part ; et quand, désespéré, j'ai ralenti et lui ai demandé ma direction, il s'est jeté sur moi comme un tigre, et je dois courir à nouveau pour vivre. À travers Haverhill, de là jusqu'à Sibil Ingham et Halstead – oui, jusqu'à ce que les flèches mêmes de Colchester se détachent dans la lumière de l'aube, cette course a continué. Et j'ai commencé à dire qu'il pourrait bien m'épargner après tout, que je lui étais nécessaire et que sa destination était Harwich et le bateau à vapeur du matin pour la Hollande. Idiot! c'est alors qu'il m'a tiré dessus, puis que la fin est venue.

Je crus l'entendre bouger ; un instinct — car il y a un instinct dans ces choses-là, que les autres disent ce qu'ils veulent — me fit me retourner à demi et le reconnus debout dans le tonneau. Pas de temps pour la prudence donc, pas de temps pour la résolution ou autre chose que cette peur de la mort qui paralyse les membres et semble calmer le cœur même. Avec un cri terrible à entendre, il tira avec son pistolet, et j'en entendis le bruit comme un tonnerre à mon oreille, tandis que la poudre me brûlait le visage comme le contact d'un fer rouge. Mais il n'a jamais tiré un deuxième coup de feu. Une embardée soudaine, alors que je lâchais le volant, envoya la voiture bondir sur l'herbe au bord de la route, fit perdre l'équilibre au meurtrier et le projeta en arrière. Il y a eu un énorme fracas, je me suis retrouvé sous le tonneau, puis, semble-t-il, de nouveau dessus. Finalement, je me suis roulé encore et encore sur l'herbe, et je suis resté là, Dieu sait combien de temps, très impressionné et terrorisé par tout ce qui m'avait rattrapé.

Mais le voiturier lui-même était mort, attrapé par le cou lorsque la voiture s'est renversée et écrasée presque au point de devenir méconnaissable. Et tel fut le jugement porté sur lui, comme je le croirai jusqu'à la fin de ma vie.

Ils n'ont jamais attrapé le vieux « Benny », pas pour ce travail, en tout cas. Il s'est avéré être le chef d'une équipe d'escrocs, connue en Amérique et à Paris sous le nom de gang "Red Poll", en raison de ses beaux cheveux couleur sable. Il a dû être recherché pour cinquante emplois en Europe, et autant de l'autre côté. Quant à son prétendu fils, M. Walter, et au valet Marchant, ils n'étaient que deux de la compagnie. Et la raison pour laquelle ils sont venus m'engager était à cause d'un accident de voiture survenu chez Walter, qui l'a mis hors course au moment où le cambriolage chez Lord Hailsham devait être entrepris.

Kennaway, le détective, a été hospitalisé trois mois après son petit sort. C'était malin de sa part de me faire poster un télégramme sur la route, car, dès qu'il l'a reçu, il a télégraphié au chef de la police de Cambridge et est venu lui-même en train. La police locale a fourni une liste de toutes les fêtes organisées autour de Royston ce week-end et, bien sûr, comme Lord Hailsham célébrait ses noces d'argent, il n'avait pas besoin de beaucoup d'esprit pour y envoyer Kennaway ; Cependant le valet de chambre était déjà dans la maison, déguisé en femme de chambre.

Il semble que nous aurions dû nous-mêmes célébrer des noces d'argent, car je doute que "Benny" aurait conduit tout l'argent, sans parler de l'or et des pierres précieuses, à l'autel le plus tôt possible. Mais les projets les mieux conçus des souris et des hommes se rassemblent à l'arrière, comme le font les automobiles lorsque l'homme qui les conduit a un pistolet sur la tête.

EN COMPTE AVEC DOLLY ST. JOHN

Mon vieux père avait l'habitude de dire que « l'apparence des femmes était ses seuls livres et que la folie était tout ce qu'ils lui enseignaient », ce qui montre, je suppose, que ce qu'il savait sur le sexe, il l'avait appris dans une bibliothèque en circulation.

De toute façon, il n'a jamais conduit d'automobile, sinon il aurait écrit dans un autre sens. Parfois, je lis un article dans les journaux sur les femmes, puis je ris tout seul en pensant au nombre de gueules qu'il y a dans le monde et à la façon dont elles sont nées pour que l'autre sexe puisse s'en moquer. Laissez- les prendre le volant et emmener Madame un après-midi ou deux. On ne parlera plus beaucoup des douces bergères après cela, je parie – mais si un ou deux escrocs n'entrent pas dans l'histoire, je suis Hollandais.

Eh bien, vous devez savoir qu'il s'agit de Dolly St. John, une petite Américaine qui a loué une voiture à l'Empire Company lorsque j'étais l'un de ses chauffeurs et qui a eu un joli petit jeu avec nous. J'allais la chercher tous les après-midi dans un hôtel ou un autre, et toujours différent, elle n'était pas domestiquée, pour ainsi dire, et ne se souciait jamais de prolonger son accueil.

Une petite carrosserie plus délicate n'a jamais été montée sur un châssis. Il y en a qui les aiment clairs, et d'autres qui les aiment sombres – mais Dolly St. John était entre deux, ni l'un ni l'autre, mais un type qui arrive à chaque fois et qui fait tourner vingt têtes quand un policier vous arrête. à un passage à niveau.

Il est tout à fait naturel que les jeunes femmes aiment parler à leurs chauffeurs ; et, si la vérité était dite, certaines d'entre elles nous diraient des choses dont elles ne parleraient jamais, non, pas à leur propre mari, si elles en ont. Dolly en faisait partie, et aucun petit corps plus bavard n'a jamais existé. J'ai connu son histoire dès le premier après-midi où je l'ai emmenée ; et au troisième, j'aurais pu vous dire qu'elle avait rencontré l'hon. John Sarand , et avait l'intention de l'épouser, même si son vieux père, Lord Badington , devait en conséquence partir dans les couloirs.

J'avais conduit Dolly environ trois semaines, si je me souviens bien, lorsque nos gens ont commencé à s'inquiéter. C'était très bien pour elle de parler de son oncle, Nathaniel St. John, de New York, qui gagnait cent mille dollars par jour en soufflant des bulles dans un téléphone ; mais sa facture de soixante-quinze seize et quatre restait impayée, et quand Hook-Nosed Moss, notre directeur, la lui demanda, tout ce qu'il reçut fut une cigarette sortie d'une boîte de bonbons, et une indication que s'il venait encore une course similaire, elle en parlerait aux journaux. Si elle n'avait pas été une petite actrice née, qui aurait pu gagner vingt dollars par semaine sur n'importe quelle scène de Londres, l'homme aurait conclu l'affaire sur-le-champ et s'en serait remis aux avocats. Mais elle l'a juste chatouillé comme un carburateur , et il est rentré chez lui pour dire que l'argent était meilleur que Consols , et que l'entreprise se ridiculisait.

Après cela, je l'ai conduite pendant encore une semaine, principalement au théâtre avec John Honorary, et pour dîner ensuite. Elle avait une merveilleuse manie de faire du shopping et passait des heures dans Regent Street, pendant que je lisais l' *Auto-Car* dehors, et j'en commençais à me demander combien de temps cela durerait. Vous ne trompez pas l'homme qui conduit la voiture, soyez-en sûr. Soit elle conduisait John Honoraire à l'autel des finances, soit son pauvre oncle se retrouverait dans les Montagnes Rocheuses – je n'en doutais pas.

Je l'aimais bien, cela va sans dire. C'est un imbécile qui vous dit que le charme d'une jolie femme est moindre parce que ses banquiers se demandent comment ils vont récupérer le carnet de chèques, et que le commerçant du coin efface son registre de larmes. D'une certaine manière, j'étais amoureux de Miss Dolly et je l'aurais épousée moi-même malgré n'importe quelle provocation ; mais avant que je puisse me décider, d'une manière ou d'une autre, elle était partie comme un éclair, et la moitié des agents de recouvrement de Londres après elle. C'est ce que j'ai appris dans la semaine qui a suivi la disparition. Elle m'a fait venir un jour la chercher à l'hôtel Joran, et quand j'y suis arrivé, et que le portier de l'hôtel m'avait distribué deux tapis et un poméranien, la femme de chambre est venue dire que madame n'était pas revenue depuis onze heures. Et puis, par un bon instinct, j'ai su que la partie était terminée et, en rendant le Poméranien, j'ai dit : « Soyez bon avec lui, car il est orphelin.

C'était une hypothèse – une hypothèse et rien de plus ; et pourtant, comme cela s'est avéré vrai ! J'ai eu un rendez-vous avec moi l'après-midi suivant, et il avait une jolie histoire à raconter. Attention, comme il l'a lui-même déclaré, Dolly n'était pas réellement malhonnête. Elle avait laissé quelques billets derrière elle ; mais où est la femme qui ne fait pas cela, et qui aurait une meilleure opinion d'elle si elle ne le faisait pas ? Dolly n'était pas une voleuse, loin s'en faut, mais sa folie du shopping était suffisamment sauvage pour qu'on puisse en parler, et elle achetait pour des milliers de livres sterling de marchandises à Londres, juste pour le simple plaisir de les commander et rien de plus.

Je ris souvent quand je pense à la façon dont elle a trompé les commerçants de Bond Street et du West End. Imaginez-les s'incliner et se gratter lorsqu'elle leur dit d' envoyer chez eux un diadème de mille livres, ou un renard blanc de deux cents guinées, et leur promet qu'ils seraient payés à la livraison. Eh bien, ils ont semé son chemin de saluts et de sourires - et lorsqu'ils ont envoyé les marchandises dans un appartement près de Regent's Park - une adresse qu'elle donnait toujours - ils l'ont trouvé vide et personne pour en prendre livraison. Plus de saluts et de sourires après cela ; mais que pouvaient-ils faire, et quel délit avait-elle commis ? C'était exactement ce que le technicien m'avait demandé, et je ne pouvais pas répondre.

"Nous connaissons la plupart d'entre eux ", a-t-il déclaré, "mais elle est une empreinte digitale de l'arrière-pays. Nathaniel St. John télégraphie de New York qu'il ne la connaît pas, mais qu'il sera ravi de faire sa connaissance. "

"Il était également complètement fauché", dis-je. "Eh bien, elle a eu du mal à gagner son argent, et voici bonne chance pour elle. J'espère que je ne l'ai pas vue pour la dernière fois."

"Si c'est le cas", dit-il, "mettez-moi chez Madame Tussaud. La prochaine fois que vous entendrez parler de Dolly St. John, ce sera dans quelque chose de grand. N'oubliez pas cela le jour venu."

Je lui ai dit que je ne l'oublierais pas et nous nous sommes séparés. Dolly était une jolie marchandise pour un goûter, mais un conducteur voit trop de visages pour en garder un trop longtemps dans sa mémoire, et je dirai sans détour que j'avais oublié son nom la prochaine fois que je l'ai vue, et c'était à peu près l'homme le plus étonné dans le rayon de six kilomètres lorsque je suis venu la chercher un bel après-midi dans un hôtel du West End, et elle m'a dit que nous allions conduire ensemble à la campagne.

"Mais," dis-je, "cette voiture a été louée par Miss Phyllis More…"

"Oh, espèce d'homme stupide !" s'écria-t-elle. " Ne voyez-vous pas que je suis Miss Phyllis More ? Je pensais que vous étiez assez intelligent pour comprendre que les dames changent parfois de nom, Britten. Maintenant, pourquoi ne devrais-je pas être Phyllis More si je le souhaite ? Allez-vous être assez méchant pour en parler aux gens ? Je suis sûr que non, car vous avez été si gentil avec moi la dernière fois que j'étais en Angleterre.

Or tout cela se passait dans sa chambre particulière, où j'avais été conduit par le portier. Trois mois s'étaient écoulés depuis que j'avais conduit Dolly et le Honorary John, mais elle n'avait pas changé du tout ; et je l'ai trouvée exactement la même petite sorcière séduisante avec ses fossettes et ses cheveux bruns bouclés, qui avait joué à deux avec les commerçants du West End à Noël dernier. Magnifiquement vêtue de vert, avec un joli voile moteur, elle était une photo je dois dire ; et quand je l'ai regardée et que je me suis souvenu de Hook-Nosed Moss, notre responsable du trafic à l'Empire Company, et de la façon dont il m'avait amarré quatre et neuf samedi dernier, j'ai juré de la prendre ; oui, si elle m'ordonnait de conduire jusqu'à San Francisco.

"Je ne pense pas que je devrais le faire, mademoiselle," dis-je, "à moins que votre oncle à New York ne vous ait laissé quelque chose…"

"Oh," éclata-t-elle en riant en disant cela, "il est mort, Britten ; d'ailleurs, je ne veux pas d'oncles maintenant, car j'épouserai M. Sarand dès que Lord Badington donnera son consentement - et cela ne sera pas le cas. ce sera long, car nous descendons chez lui ce soir pour le chercher.

Je lui ai dit franchement que j'étais heureux de l'entendre et que je considérais M. Sarand comme un gentleman très chanceux. De plus, je croyais à son histoire et je savais que si ce mariage était conclu, il n'y aurait pas beaucoup de problèmes pour les soixante-quinze personnes de mon entreprise et que la moitié des commerçants de Londres courraient à nouveau après Dolly d'ici une semaine. Je me décidai donc à le faire et, envoyant un télégramme au chantier, leur disant que la dame voulait la voiture pour deux ou trois jours, et lui expliquant que je devais m'acheter des bagages en chemin - pour J'aime les soirées bien rangées : j'étais prêt pour Miss Phyllis More et je n'étais pas du tout mécontent de cette aventure.

« Elle a eu du mal à continuer à Londres pendant que John faisait la cour, me dis-je, et c'est ce qui l'a poussée à changer de nom. Si elle ne l'attrape pas, nous sommes un autre " Vingt-cinq ans plus tard, et Moss devra devenir juif. Eh bien, je peux obtenir beaucoup d'emplois aussi bons que le sien, et il n'y a pas beaucoup de Dolly St. John dans le monde, tout compte fait. Je vais le risquer. , et prends mon épuisant après. De plus, si le papa de M. John ne se montre pas à la hauteur, je mettrai un mot pour moi-même. Cela ferait de toute façon une ligne dans les journaux, et qui sait si ce n'est ce que nous ne pourraient-ils pas tous les deux se fiancer dans les couloirs ? »

Bien sûr, ce n'était que ma façon de le dire ; mais j'étais vraiment content de conduire à nouveau une si jolie fille ; et quand sa vieille malle de canne est tombée, et que nous l'avons fixée sur la grille derrière, et qu'une demi-douzaine de boîtes à chapeaux ont jonché les sièges arrière, j'ai senti que le bon vieux temps était revenu et que j'étais l'un des conducteurs les plus chanceux. dans le pays.

"Jusqu'où allons-nous, mademoiselle ?" Je lui ai demandé quand tout était prêt.

"À la maison de Lord Badington , près de Sandwich dans le Kent."

"C'est une course assez longue, et nous n'y arriverons pas avant la nuit."

"Oh", dit-elle, "ils ne m'attendent que très tard ; en effet, je ne pense pas que Lord Badington lui-même revienne avant le dernier train de la ville."

J'ai remarqué qu'elle mettait beaucoup d'accent sur les mots « Lord Badington », à l'intention des porteurs de l'hôtel, sans aucun doute ; mais je n'étais pas en colère contre elle pour cela, me rappelant qu'elle était une femme célibataire et peut-être sans protection ; et sans plus de mots, nous traversâmes le pont de Westminster et nous nous frayâmes très vite un chemin vers Old Kent Road. Quelques heures plus tard, nous sommes arrivés à Maidstone , où nous avons pris le thé ; il était cinq heures et quart précisément lorsque nous repartirent vers Cantorbéry, et une bonne heure et demie plus tard lorsque nous entrâmes dans cette vieille ville moisie.

Je n'oublierai jamais ce voyage, le pays qui montre à peine les bourgeons du printemps, les routes blanches et belles, les vingt Renault qui tournent aussi bien qu'une belle horloge. Trois mois s'étaient écoulés depuis que j'avais conduit Miss Dolly, et c'était le mois de mai. Pourtant, elle était là, toujours la même méchante petite sorcière, trottant pour une course folle, et sur le point de s'en sortir la meilleure, je pourrais le jurer. Quant à moi, j'avais le sac devant moi, c'était une certitude ; mais cela ne m'importait pas beaucoup. Qui l'aurait fait, avec Dolly St. John pour passagère ?

Nous avons traversé Canterbury, dis-je, et avons mis la voiture au meilleur de sa forme sur la bonne route après le dépassement de Sturry . Je connais assez bien le pays par ici, étant habitué à visiter de temps en temps des points d'eau à la mode, et connaissant bien Ramsgate et Margate, sans parler de Deal et de Douvres. Ma route passait par Monkton, en direction de Pegwell Bay, et c'est juste à l'entrée de Minster que Dolly me fit arrêter sans grand avertissement et me mit en confiance pour la première fois.

"Britten", dit-elle, "il y a quelque chose que je ne vous ai pas dit, mais que je pense que je devrais vous dire maintenant. On ne me demande pas du tout d'aller chez Lord Badington ."

"Pas demandé", dis-je, la bouche assez grande ouverte pour avaler une pinte de boîte de vitesses "B". "Alors à quoi ça sert d'y aller, si tu n'es pas invité ?"

"Oh", dit-elle plus gentiment que jamais, "je pense qu'ils seront heureux de m'avoir si je rentre à l'intérieur, Britten; mais nous devrons très bien jouer notre rôle."

J'ai ri de ça.

"Voyant qu'aucun de nous n'est dans la lignée théâtrale, je suppose que personne ne me prendra pour Sir Beerbohm Tree, ou vous pour la Joyeuse Veuve", dis-je, "mais, de toute façon, je ferai mon meilleur."

Cela lui plut, et elle me regarda avec ses jolis yeux, juste assez doux pour faire croire à un homme qu'il est beau.

« Vous voyez, Britten, dit-elle, si la voiture tombait en panne juste devant la maison de Lord Badington , peut-être qu'ils me donneraient un abri pour la nuit ; du moins, j'espère qu'ils le feraient, et s'ils ne le faisaient pas, eh bien, ce n'est pas le cas. " Cela n'a pas vraiment d'importance, et nous pouvons aller nous arrêter à l'hôtel de Sandwich. Il faudrait que ce soit une véritable panne, car Lord Badington possède ses propres automobiles, et ses chauffeurs seraient sûrs d'être intelligents pour remettre les choses en ordre. ———"

leur érigerai des statues au British Museum. Vous n'en dites pas plus, mademoiselle. Nous allons casser." et si vous ne déjeunez pas avec Sa Seigneurie demain matin, ne m'en voulez pas.

Elle hocha la tête ; et je pourrais jurer que l'excitation lui a mis le feu aux yeux. La maison de Lord Badington , vous devez le savoir, surplombe la baie de Pegwell , non loin des parcours de golf, tandis que la Ramsgate Road passe juste devant ses portes. Il n'y a qu'une petite auberge à proximité , et pas une chaumière en vue. Je vis que l'endroit n'aurait pas pu être mieux choisi, et à cinquante mètres des grandes portes de fer, je descendis de mon siège et me préparai pour mes affaires.

"Vous êtes vraiment sûre de vouloir dire ça, mademoiselle ?" Je lui ai demandé, sachant ce que sont les femmes. "Tu ne changeras pas d'avis après, et tu ne me reprocheras pas parce que la voiture ne roule pas ?"

"Comment peux-tu demander une chose pareille ?" fut sa réponse. "Est-ce que tout mon avenir ne dépend pas de notre succès, Britten ?"

"Alors vous n'aurez pas longtemps à attendre", répondis-je, et, ouvrant le capot, je me mis au travail sur la magnéto, et en vingt minutes j'avais fait le travail aussi sûrement qu'il aurait pu être fait par les constructeurs eux-mêmes.

" Si cette voiture roule ce soir, " dis-je, " quelqu'un devra la pousser. Maintenant, pourriez-vous me dire quelle est la prochaine étape, mademoiselle, car je commence à penser que j'aimerais bien mon dîner. ?"

Elle était elle-même sur la route à ce moment-là, et elle était assez jolie dans son voile de moteur et les belles zibelines que M. Sarand lui avait offertes l'hiver dernier. Lorsqu'elle m'avait dit de me rendre à la maison et de me dire que l'automobile d'une dame était tombée en panne devant la porte, j'aurais parié vingt contre un sur le succès de son projet, pourvu toujours que nous ne soyons pas laissés seuls. les domestiques qui aboient des incivilités à la porte d'un noble. Ici, la chance a été du côté de Miss Dolly, car à peine avais-je tiré la grande cloche du portail de Lord Badington que sa propre voiture est arrivée en trombe dans l'allée, avec Sa Seigneurie elle-même assise à l'arrière.

"Qu'est-ce que tu veux, mon homme?" » demanda-t-il d'un ton vif et aigu – c'est une merveille pour cinquante-deux ans, et il n'y a pas eu d'homme plus intelligent dans la Garde depuis qu'il les a quittés. "D'où viens-tu?"

« Je vous demande pardon, monsieur, » dis-je, car je ne voulais pas prétendre que je le connaissais comme seigneur, « mais la voiture de ma maîtresse a eu quelques ennuis, et elle m'a envoyé demander si quelqu'un pouvait l'aider."

"Quoi, tu es en panne——"

"C'est juste ça, monsieur ; la magnéto a complètement mal tourné. Il faudra que je sois remorqué si je vais plus loin cette nuit."

Il se tenait sur les marches à côté de moi et parut hésiter un instant. Un mot et il aurait dit à son propre chauffeur de nous conduire à Sandwich ; mais cela n'a jamais été dit, et je vais vous dire pourquoi. Miss Dolly elle-même m'avait suivi tout au long de l'allée et elle est arrivée sur les lieux à l'instant même.

"Oh, je suis vraiment désolée de vous déranger," cria-t-elle de sa voix la plus douce, "mais ma voiture a vraiment mal tourné, et je suis si fatiguée et affamée que je ne sais pas quoi faire. Voulez-vous me laisser me reposer ici juste un petit moment ? »

Parlez d'actrices; Il n'y en a pas un seul dans le West End qui aurait réussi à moitié aussi bien. Elle était là, regardant l'image de la détresse, et il y avait Sa Seigneurie, tordant sa moustache et la regardant comme quelqu'un qui était à bout de nerfs pour savoir quoi faire. S'il n'a pas mis longtemps à prendre une résolution, mettez-le sur le compte des yeux bleus de Dolly – il ne pouvait pas en voir la couleur à cette heure de la nuit, mais il pouvait les sentir, je serai lié ; et, sautant pour ainsi dire à une conclusion, il se tourna vers son homme et lui donna un ordre.

"Cette dame restera ici cette nuit", dit-il. "Va aider son chauffeur à monter la voiture et veille à ce qu'on s'occupe de lui", et sans un autre mot, il attendit que Miss Dolly entre dans la maison. Croyez-moi, je n'aurais jamais pensé que les actions de M. John étaient plus élevées - et "Britten, mon garçon", me dis-je, "si cela ne vaut pas cinquante dollars le moment venu, ne conduisez jamais une jolie voiture." fille, plus rien."

J'ai eu une rare aventure ce soir-là, en partie avec Biggs, le chauffeur de Sa Seigneurie, et en partie avec un expert en automobile qui est venu à vélo et m'a dit qu'il ferait partir ma Renault dans vingt minutes. Je ne suis pas de ceux qui supportent un logement dans les quartiers des domestiques, et j'ai plutôt choisi de m'installer dans la petite auberge au bord de la baie et d'y tenter ma chance. C'est ici que Biggs est venu après le dîner, et lui et l'expert en moteurs ont commencé à utiliser ma magnéto haute tension.

Heureusement qu'ils étaient tous les deux, ils étaient peut-être là depuis un mois et ils ne s'en sortaient pas mieux - car, sachez que j'avais retiré l'armature, et si vous enlevez une armature et n'y glissez pas un peu de fer doux après cela, vos aimants sont fichus et ne vaudront plus rien jusqu'à ce qu'ils soient remagnétisés . Cela les déconcerta tous les deux, et ils restèrent là jusqu'après onze heures, buvant suffisamment de bière pour faire flotter une barge et avouant que c'était un mystère.

"Je n'ai jamais vu une chose pareille en dix ans d'expérience", a déclaré l'expert automobile.

"Je suis époustouflé si je ne pense pas que le diable soit entré dans la magnéto", a déclaré Biggs ; et là, je suis d'accord avec lui. Car n'était-ce pas Miss Dolly qui l'avait fait, et n'est-ce pas — mais là, ce ne serait pas poli envers le sexe, donc je ne l'écrirai pas.

J'ai appris de Biggs que la fille et le beau-fils de Lord Badington logeaient dans la maison avec lui, ainsi que quelques vieux messieurs qui, lorsqu'ils ne faisaient pas de lois à Westminster, se ridiculisaient sur les liens de Sandwich. En fait, c'était une partie de golf, et le lendemain matin, de bonne heure, Biggs les emmena chez Prince – et, me croirez-vous ? – la voiture revint pour les dames, et Miss Dolly partit aussi calmement. comme si elle les avait connus toute sa vie. Pas un mot pour moi, pas un mot sur la suite des choses ou sur la préparation de la voiture, mais juste un signe de tête et un rire tandis qu'elle passait, et quelque chose dans ses yeux qui semblait dire : « Britten, je me débrouille à merveille. , et je ne t'ai pas oublié."

Le même après-midi, vers l'heure du thé, elle m'a fait venir et m'a parlé dans le hall. J'appris alors qu'elle avait promis de s'arrêter jusqu'au lendemain matin, et elle demanda, d'une voix que personne ne pouvait méconnaître, si la voiture serait prête. Quand je lui ai dit que j'attendais une nouvelle magnéto de Londres, j'ai pensé qu'elle m'embrasserait sur-le-champ.

"Oh, Britten," dit-elle dans un murmure, "supposons que nous ne puissions pas continuer pendant trois ou quatre jours."

« Dans ce cas, dis-je, je devrais considérer que nous avons été vraiment malheureux, mademoiselle, mais je ferai de mon mieux.

"Es-tu à l'aise à l'auberge, Britten ?"

"Je prends de la chair rapidement, mademoiselle. Je n'aurais jamais cru qu'il y avait autant de fausses pistes dans le monde."

"Et ta chambre ?"

"Ils l'ont construit alors qu'ils pensaient que le roi venait à Sandwich."

Elle a ri et m'a regardé et, juste au moment où je partais, elle a murmuré : « Attends trois ou quatre jours, Britten », et je lui ai promis d'un regard qu'elle ne pourrait pas se tromper. Et pourquoi pas? Qu'est-ce qui était contre nous ? Tout n'a-t-il pas été facile ? C'est vrai, mais pour un petit fait. Je vais vous dire en un mot : Hook-Nosed Moss et le vieux billet qu'il portait comme une lettre d'amour, un billet contre Dolly St. John pour soixante-quinze livres, seize shillings et quatre pence.

Eh bien, Moss est arrivé brusquement de la ville le deuxième après-midi, et même s'il portait une nouvelle magnéto sous le bras, la facture était bien dans sa poche. Je me tenais à la porte de l'auberge alors qu'il arrivait dans une mouche, et quand j'ai reconnu son visage, vous auriez pu me renverser avec un parapluie en coton. Non pas, remarquez, que j'ai perdu la présence d'esprit ou que j'ai dit quelque chose de stupide, mais juste que je me sentais suffisamment désolé pour que Dolly St. John risque tout ce que j'avais au monde pour la sauver de ce requin terrestre. Que Moss l'ait découverte, je n'en doutai pas un instant, et ses premiers mots me dirent que j'avais raison.

« Savez-vous qui vous avez parcouru le pays ? » a-t-il demandé en descendant. J'ai répondu que non, mais que je croyais que cette dame était une parente de Lord Badington . Puis il était assez en colère.

" Seigneur Badington sois foutu , dit-il en parlant par le nez comme il le faisait toujours, sa fille est Dolly Sid John, et c'est elle qui nous a tués pendant l'hiver. Je me demande si vous avez été si stupide que vous ne l'avez pas reconnue . Veux -tu me dire que tu ne l'as pas droguée ? »

"Quoi!" m'écriai-je en ouvrant grand les yeux, "c'est Dolly St. John ! Eh bien, vous me surprenez ; et elle est allée à Douvres cet après-midi même - du moins, si ce n'est pas à Douvres, c'est à Folkestone - mais Biggs nous dirait . En êtes-vous bien sûr, monsieur ?

Il m'a juré qu'il en était sûr et il m'a ajouté que si je n'avais pas été le plus grand con d' Europe , je l'aurais su dès le début.

"Où sont tes yeux ?" il n'arrêtait pas de me le demander; "Voulez-vous dire que vous pouvez conduire une femme pendant trois jours à Londres et ne plus la renverser trois mois après ? Vous êtes un bon type. Vous méritez une statue au Musée des Fous, ma foi, vous le faites. Maintenant emmène-moi à la voiture et voyons ce qui se passe. J'aurai plus à te dire si nous serons à Londres, remarque-le, mon homme.

Je ne lui ai pas fait preuve de courtoisie, autant que je l'aurais souhaité. Mon jeu consistait à protéger Miss Dolly autant que je le pouvais et à me taire pour elle.

De toute évidence, sa position était périlleuse. Si ce connard de Juif montait à la maison et leur disait que son nom n'était pas More, mais St. John, la graisse serait dans le feu avec vengeance, et ses chances d'épouser John Sarand seraient à peu près égales aux miennes d'accouplement. avec les têtes couronnées d'Europe. Que faire, je n'en savais pas plus que les morts. Je n'avais pas de messager à envoyer à la maison ; Je n'ose pas quitter Moss pour parler aux gens de l'auberge ; et j'étais là, l'aidant à installer et à chronométrer la nouvelle magnéto, et j'avais juste le sentiment que j'allais payer dix livres pour avoir le privilège de le renverser avec sa propre clé.

Nous avons terminé le travail en une demi-heure environ et la Renault a immédiatement démarré. Moss n'avait pas parlé de Miss Dolly pendant que nous étions au travail ; mais dès que le moteur démarra, il se souvint de ses affaires et se tourna vers moi comme une fureur.

" Par où as-tu dit qu'elle avait commencé ? " Il a demandé.

« Vers deux heures cet après-midi, je pense.

"Dans quelle voiture ?"

"Eh bien, celui de Sa Seigneurie, bien sûr."

« Elle semble assez docile . Peut-être que je ferais mieux de lui donner une chance de payer ?

J'ai souris.

"Il y a des bateaux pour la France à Douvres", dis-je. "Et si elle passe par le courrier de nuit ?"

Il m'a regardé avec beaucoup de perspicacité.

« Je ne peux pas vous distinguer, Britten », dit-il ; "Soit vous êtes le plus grand imbécile, soit le plus grand voyou de mon emploi . Subtimes , vous semblez assez intelligent aussi. Supposons que nous conduisions la voiture jusqu'à Douvres et voyons ce qui se passe là-bas."

"Oui", dis-je, "et vous pouvez téléphoner au quai de Folkestone pour le faire arrêter s'il part de là."

Il claqua des doigts et sourit sur tout son visage.

"C'est ça!" il pleure. "Si elle quitte le pays , je l'arrêterai. J'aurais aimé que vous soyez à moitié aussi vif lorsque vous l'avez récupérée à Londres."

« Ce sont ces voiles à moteur », dis-je. « Vous ne pouvez pas vous attendre à ce qu'un homme voie à travers trois épaisseurs de shuffon – n'est-ce pas, M. Moss ?

C'était un coup de chance, et, ma parole, je crois vraiment que j'ai commencé à le cajoler. Que je l'aie fait ou non, nous avons mis la voiture sur la route en dix minutes et sommes partis pour Douvres avant un quart d'heure s'était écoulé. Auparavant, je m'étais glissé dans l'auberge sous prétexte de laisser mon manteau et j'avais laissé une lettre à Miss Dolly pour que Biggs la récupère lorsqu'il viendrait me chercher pour notre promenade du soir. "Moss est là", ai-je écrit, "faites attention à vous".

Je ris maintenant quand je pense à ce voyage à Douvres et au vieux Shekels Moss assis comme un faucon sur le siège à côté de moi. Quels mensonges j'ai eu à lui dire, quels sursauts je lui ai donnés, quand je lui ai fait remarquer qu'elle aurait pu prendre le bateau de l'après-midi, ou peut-être se diriger directement vers Southampton. Ma propre idée était de passer la nuit à Douvres, quoi qu'il arrive, et à peine étions-nous arrivés au "Lord Warden", que j'ai planté un canif dans le front. pneu , et j'ai tourné le dos quand le vent s'est calmé. Cela a immédiatement arrêté la fuite vers Folkestone et, le temps que j'aie terminé le travail, Moss m'a dit qu'il pensait téléphoner à la police, comme je l'avais suggéré, pour décrire Miss Dolly, mais sans rien dire de Sa Seigneurie.

"Il pourrait faire des affaires avec nous, Britten", remarqua-t-il. "Je n'aurai pas sa fille dedans, mais je lui parlerai d'elle dès que j'aurai reçu l' appel , et elle ne restera pas longtemps chez lui, n'est -ce pas ?"

"Peut-être pas", dis-je; "mais si elle épouse le fils de Sa Seigneurie, la botte sera sur l'autre jambe. Vous feriez mieux d'y penser, M. Moss."

"Ce que je veux, c'est mon modèle ", a-t-il répondu. "Si elle ne paie pas, elle va en prison. J'en ai trop pour la pairie pour être bourré de promesses. Soit le modey , soit le bref. Je me nourrirai ici, Britten, et je retournerai à Sadwich , si elle ne l'est pas. sur les bateaux. Peut-être avons-nous été idiots en venant du tout.

Je n'ai rien dit, mais j'étais presque sûr qu'un imbécile était de toute façon arrivé dans la voiture. Mon affaire était de garder Moss à Douvres aussi longtemps que possible, et j'y réussis assez bien. Rien ne pourrait sauver Miss Dolly s'il se rendait chez Lord Badington pour lui raconter ce qu'elle avait fait à Londres et à quel point certains commerçants du West End lui étaient attachés. Avec suffisamment de temps, je pensais que la jolie petite dame persuaderait sa seigneurie de consentir à son mariage avec M. Sarand . Mais il lui fallait du temps, et si elle ne l'avait pas, alors, un temps d'un autre genre pourrait l'attendre. Cela m'aurait brisé le cœur de voir le malheur s'abattre sur la jolie Dolly St. John, et j'ai juré que ce ne serait pas le cas, si un de mes esprits pouvait l'empêcher.

Moss a mis environ une heure et demie à dîner, et quand il est sorti, il se curait les dents avec une grande pointe d'acier et avait l'air aussi content que s'il avait fait aux garçons de l'hôtel avec quatre pence. J'ai vu qu'il était parvenu à une résolution et qu'elle était satisfaisante. Il y avait un scintillement dans ses petits yeux que vous ne pouviez pas confondre, et il secoua la tête pendant qu'il me parlait, comme si j'achetais de ses vieux vêtements au double de leur valeur.

"Britten," demanda-t-il, "êtes-vous tous prêts ?"

"Tout à fait prêt, monsieur", dis-je, car à l'instant même je venais d'enfoncer mon couteau dans un autre pneu . "Tu retournes à Sandwich ?"

« Je vais chez Lord Badington », dit-il avec un éclat de rire, « pourquoi pas ? Je vais demander Miss Phyllis More et dire qu'elle est une ode à Fred de la famille. Ha, ha ! tu y penses, Britten ? Vais-je avoir le modèle ou pas ? Eh bien, nous verrons, mon garçon, alors démarre-la et fais vite.

J'ai dit "Oui, monsieur" et je me suis dirigé vers l'avant de la voiture. Mon cri d'étonnement lorsque j'ai vu le pneu éclaté aurait fait honneur à M. Henry Irving lui-même. Peut-être ai-je dit certaines choses que je n'aurais pas dû dire – Moss l'a fait, en tout cas, et il a déliré si fort que le palefrenier a dû lui dire que sa femme et ses enfants étaient à l'étage.

" Un autre pneu a disparu... pour quoi dois-je vous payer un salaire ? Dites- moi ça ! Qui... va payer la facture ? Ne voyez-vous pas que je dois arriver à Sadwich ce soir ? Une jolie sorte de barrage, vous tromper Maintenant, tu fais démarrer cette voiture dans vingt minutes, ou je te laisse dans la rue – alors aide-moi, Dieu me le fera… » Et ainsi de suite, jusqu'à ce que j'aurais pu tomber de rire sur place.

C'était touchant de l'entendre, ma foi, c'était le cas ; mais j'ai tenu ma langue pour le bien de Miss Dolly et je me suis mis tranquillement au travail pour enlever le couvercle et examiner le tube à la recherche de la coupure que je ne voulais pas trouver. Quand je lui ai dit tout à l'heure que c'était le dernier tube que nous avions et qu'il ferait mieux de me donner deux livres huit pour aller en acheter un nouveau, j'ai pensé que ses paroles feraient exploser les navires du port ; mais il ne m'a jamais donné l'argent, et alors j'ai su qu'il avait l'intention de rester à Douvres toute la nuit, et que Miss Dolly avait de toute façon jusqu'au matin. "Et à ce moment-là", me dis-je, "elle sera partie pour Londres si elle est assez intelligente, et trouvera peut-être M. Sarand à la gare pour la rencontrer."

J'ai dormi là-dessus - car vous comprendrez que Moss n'avait pas vraiment l'intention de partir cette nuit-là, après avoir entendu parler des tubes - et à neuf heures du matin suivant, j'avais ma voiture prête et je l'ai conduite au "Lord Directeur." La course à Sandwich n'est pas trop excitante d'une manière ordinaire, mais je l'ai trouvée assez animée à cette occasion particulière, où il y avait toutes sortes de doutes et de craintes dans ma tête à propos de Miss Dolly, et la certitude que je devrait être viré quoi qu'il arrive. En fait, j'aurais pu être plus inquiet pour moi-même que pour la dame, car je n'ai jamais douté qu'elle se serait enfuie pour Londres au moment où nous arrivions, et il n'y avait pas d'homme plus déçu à Thanet quand, en arrivant à l'auberge : Biggs m'a dit qu'elle était toujours à la maison. Une demande pour savoir s'il avait remis ma lettre a suscité la réponse étonnante qu'ils ne lui avaient donné aucune lettre, et quand je me suis précipité dans la maison pour lui demander ce qu'elle était devenue, la voilà, sur la cheminée du bar-salon , juste où je l'avais laissé. Jamais homme n'a reçu de pire coup. Je savais alors que Miss Dolly était fichue, et je ne croyais pas que le jour puisse passer et empêcher la police d'entrer chez Lord Badington .

Je dois vous dire que Moss avait appelé le commissariat de police de Sandwich alors que nous traversions, et qu'un sergent et un agent de police sont venus à l'auberge à vélo vers midi. Leurs questions les ont beaucoup aidés, car j'ai réussi à avoir l'air aussi stupide qu'un rustre quand on lui demande le chemin de nulle part ; et tout ce que je pouvais leur dire, c'était que la dame était venue à l'invitation de Lord Badington , et que, lorsqu'elle en aurait assez, je supposais qu'elle repartirait. Ils notaient tout cela dans des carnets aussi gros qu'une Bible de famille, puis partaient pour la maison, tandis que je les regardais le cœur dans mes bottes, avec le genre de sentiment qui pourrait envahir un homme si le la police a décidé d'arrêter sa propre chérie.

Biggs, je devrais vous le dire, était avec moi lorsque cela s'est produit, et il était très curieux de tout savoir. Bien sûr, je lui ai dit que Moss se ridiculisait et qu'il y aurait de jolies actions par la suite s'il ne se comportait pas correctement envers Miss Dolly. Néanmoins, il était tout aussi curieux que moi, et dès que l'autre partie fut partie, nous les suivions sur les talons et franchissons les portes du lodge presque aussitôt qu'eux. Quant à Lal Britten, son cœur battait à tout rompre, comme celui d'une fille à un mariage. J'aurais pu renverser Moss de bonne humeur et payer quarante dollars pour l'avoir fait avec le plus grand plaisir de ma vie. Mais cela n'aurait pas aidé Miss Dolly, voyez-vous, alors j'ai juste marché péniblement dans l'allée après Moss, sans rien dire à personne.

Bénis-nous tous : comment ce type a-t-il marché. Il était là, la tête baissée, les épaules affaissées, le pas traînant comme s'il portait des pantoufles, et dans les yeux cette fièvre de l'argent qui, pour moi, est une des choses les plus affreuses au monde. Même la police était plutôt dégoûtée de lui, je pense, et le sergent m'a dit plus tard qu'il aurait payé cinquante livres pour se retirer de son travail. D'ailleurs, ni lui ni ses subordonnés n'ont dit un mot à Moss lorsqu'ils ont sonné à la porte d'entrée, et ils ne semblaient pas du tout trouver merveilleux que Biggs et moi soyons sur le pas de la porte avec eux. Nous attendîmes donc tous ensemble assez longtemps avant que le vieux Hill, le majordome, emprunte avec désinvolture le grand couloir et s'ouvre à nous très délibérément. Et maintenant, pensai-je – et oh, ma pauvre Dolly, quoi qu'il puisse t'arriver !

"La fête du dabe de Miss More... est-ce qu'elle passe sa journée dans cette maison ?" » demande Moss en se frayant un chemin à moitié et en essayant d'avoir l'air impudent. Vous auriez dû voir le visage du majordome quand il lui a répondu.

"Qui diable es- tu ?" » demanda-t-il, « et qu'est-ce que tu veux dire en venant ici comme ça ? Dehors, mon homme, ou je t'y mets assez vite.

Il prit Moss par le col et, le retournant comme s'il était un bébé, le poussa du mauvais côté de la porte avant qu'on ait pu dire « couteau ». Puis il se tourna vers le sergent.

« Qu'est-ce que c'est, sergent Joyce ? Il a demandé. « Pourquoi amenez-vous cette personne ici ?

"Oh", balbutia le sergent, "il dit qu'une certaine Miss More…"

"Je vous demande pardon", s'écria vivement le majordome, "je pense que vous devriez parler de Lady Badington : mon maître est parti pour Paris à huit heures ce matin."

"Quoi!" » rugit Moss – et vous auriez pu l'entendre sur le Goodwin Sands – « Lord Badington l'a épousée ?

"Je crois que ce sont les faits", dit Hill très doucement - et puis - eh bien, puis je me suis assis sur le pas de la porte et j'ai ri jusqu'à ce que les larmes coulent sur mon visage. Oh Seigneur! oh, Seigneur ! — et le visage de Moss ! Mais vous comprendrez tout cela, l'aspect du sergent et le sourire du majordome, sans que j'en dise un seul mot.

"Prenez un préavis d'une semaine et soyez fou de vous!" m'écriai-je en me tournant tout à coup vers mon maître. "Pensez-vous que je vais servir avec un homme qui a envoyé des policiers après ses meilleurs clients ? Allez au diable, Moss, là où vous auriez dû être il y a longtemps", et sur ce, je suis parti dans l'allée, et Biggs avec moi. Seigneur, quel après-midi nous avons passé ! Et la nuit que nous avons ensuite passée à Ramsgate !

Car, voyez-vous, c'était tout à fait vrai. Le vieux Lord Badington , qui ne pouvait jamais regarder deux fois une jolie femme sans en tomber amoureux, se retrouva presque seul avec Maîtresse Dolly à Sandwich et, par tout ce qui est vrai et merveilleux, il l'épousa.

Non pas qu'elle soit Dolly St. John du tout, vous devez le savoir, mais Dolly Hamilton en réalité ; et lié, me dit-on, à la vieille famille américaine, les Hamilton de Philadelphie. Ce qu'elle a fait à Londres a été fait, je crois, par pure excitation. Et si les gens l'ont qualifiée d'aventurière, imputons cela aux fripons des administrateurs, qui ont joué aux canards et aux drakes avec sa fortune et l'ont laissée en Europe pour se déplacer du mieux qu'elle pouvait.

J'ai reçu cent livres pour ce travail, envoyées par Miss Dolly elle-même de Venise. Moss a récupéré sa voiture et trois ou quatre tubes crevés. Un jour , je suppose, ils lui paieront ces soixante-quinze livres, seize shillings et quatre pence. Mais j'espère que ce ne sera pas encore le cas.

L'Honoraire John, me dit-on, est très en colère contre son papa. Mais je soutiendrai chaque fois un vieux garçon, malgré ce qui est écrit dans les journaux.

LA DAME QUI A REGARDÉ

Je me demande combien aujourd'hui se souviennent de cette jolie petite bête, Maisa Hubbard, qui conduisait des voitures de course en France et qui faisait particulièrement envie à la moitié des motoristes qui roulent de l'autre côté de l'eau bleue.

Je l'ai rencontrée pour la première fois au Gordon Bennett de 1901, et je dois dire que je la considérais comme un « échantillon de marchandises ». Il est vrai que beaucoup auraient cru qu'elle était trop connue en Amérique, et plus d'un jeune homme s'est effondré à cause d'elle ; mais le monde aime plutôt un peu de scandale à propos d'une jolie femme, et il n'y a pas de chemin plus court vers la faveur masculine .

Quoi qu'il en soit, Maisa Hubbard était assez populaire à Bordeaux, et on l'aurait peut-être encore appelée la belle du bal le 26 juin 1902, lorsque nous partions de Champigny pour la grande course à travers les montagnes de l'Arlberg. C'était l'occasion, vous vous en souviendrez, où deux membres de notre petite entreprise ont fait quelque chose qui a valeur de record en fracassant leurs voitures - mais l'histoire de l'un d'eux, Max, qui conduisait pour une entreprise française, a si souvent été racontée. que je ne le raconterai certainement pas ici. L'autre est une autre histoire, et comme c'est l'histoire d'un homme bon, d'une bonne voiture et d'une jolie femme, il n'y a aucune raison pour que Lal Britten ne mette pas la plume dessus.

Eh bien, je conduisais pour une entreprise anglaise à cette époque, la Vezey qu'ils appelaient eux-mêmes, même si Wheezy aurait été un meilleur nom. Je crois qu'une telle boîte à astuces n'a jamais été installée sur un châssis avant ou depuis. Il nous fallait deux pour démarrer le moteur le matin, et le même nombre pour la persuader d'arrêter de tirer la nuit. Le directeur des travaux, M. Nathan, dont le prénom était Abraham, a déclaré qu'elle avait facilement parcouru quatre-vingts milles à l'heure avec lui ; mais la seule fois où je lui ai fait dépasser la cinquantaine, elle a cassé son différentiel à la suite d'une dispute, et seul un endroit douillet dans un champ de foin m'a sauvé de l'hôpital. Tout cela, bien sûr, était une bonne publicité pour l'entreprise — et, vraiment, s'il s'agissait de faire du bruit dans le monde, eh bien, on pouvait entendre leur voiture à un bon quart de mile de distance.

C'est l'avion que j'ai emmené en France et que j'ai essayé de percer sur les belles routes que nous connaissons tous si bien. Comme j'ai terminé la course presque avant de l'avoir commencée, moins on en dit, mieux c'est - mais je n'oublierai jamais cette rencontre Paris-Vienne, et je ne l'oublierai jamais à cause de mon ami Ferdinand,[1] l'un des meilleurs et la plus courageuse qui ait jamais fait tourner une roue, et la vraie gagnante de ce grand prix, sans la femme qui a dit "Non", et l'a dit si étrangement et avec un tel effet qu'un magicien sorti des livres d'histoires n'aurait pas pu le faire. cest mieux.

J'ai aimé Ferdinand, je l'ai aimé dès le début. Une meilleure figure d'homme que je ne verrai jamais ; six pieds sur un pouce, carrés et merveilleusement musclés. Ses cheveux étaient sombres et ridiculement bouclés, à tel point que parler des « fers et papier brun » était une plaisanterie constante parmi les coureurs parisiens, qui ne savaient pas plus de lui que le fait qu'il était Italien de naissance et qu'il avait passé la moitié sa vie en Amérique. Pour le reste, il parlait anglais aussi bien que moi, et je n'ai jamais su si Ferdinand était son vrai nom ou celui qu'il avait pris pour l'hippodrome, et je m'en fichais.

On dit qu'il n'y a pas de nuage sans lueur d'espoir – une piètre consolation en cas d'orage quand on est chez soi et que l'arbre le plus proche est à cinq kilomètres de là. Il y avait eu un orage, je me souviens, le matin où j'avais rencontré le pauvre Ferdinand, et mes batteries avaient refusé de distribuer un autre volt, malgré le genre de discours le plus simple que je pouvais leur adresser. Juste au milieu de tout cela, alors que la pluie coulait par le cou et ressortait par les chevilles, et que je me demandais pourquoi je n'étais pas un valet de pied en culotte de peluche jaune, que se passerait-il sinon qu'une grande voiture rouge arrivait en courant ? à l'horizon, comme une chose folle répondant à l'appel de l'éclair - et à peine était-il à un kilomètre de distance qu'il se trouvait à côté de moi, pour ainsi dire, et j'écoutais mon ami Ferdinand pour la première fois.

" Halloa , et qu'est-ce qui te plaît par ici ? " » demanda-t-il d'une voix joyeuse. Je lui ai dit aussi clairement.

« Cette boîte à musique n'aime pas le tonnerre, dis-je ; "elle est devenue aigre."

"Tu t'arrêtes ici pour madame, ou tu veux rentrer à Paris ?"

"Oh," dis-je, "je n'ai pas pris de bail pour ce stade en particulier, si c'est ce que tu veux dire."

"Alors je vais vous remorquer", dit-il, et sans un autre mot, il descendit de son siège et commença à faire un travail. Nous étions à Vendreux une demi-heure après, et là nous déjeunions ensemble à la française. Ce repas, je le dis toujours, était l'ami le plus chanceux que Ferdinand ait jamais mangé.

Il m'a beaucoup parlé de lui et de sa voiture ; comment il avait été tout en Amérique, depuis le rouleur de bûches dans les bois jusqu'au cuisinier dans les palais de la Cinquième Avenue ; comment il a rencontré Herr Jornek , le concepteur de la voiture Modena, lors d'un voyage à St. John's pour explorer Grand River, et comment il était revenu en Europe pour la conduire dans la grande course. Sa chance, dit-il, avait été perdue à New York à cause d'une femme ; s'éloigner de cette dame en particulier fut l'incitation qui le conduisit en Europe.

Voilà de quoi éveiller ma curiosité, comme vous pouvez bien l'imaginer, et je lui ai posé toutes sortes de questions sur la jeune fille ; mais en vain. Son intérêt était pour la voiture, l'une des premières fabriquées par le célèbre Herr Jornek , et il s'appelait Modena en l'honneur de l'usine de cette ville. Il m'a dit qu'elle ne ressemblait à aucune voiture sur le marché et que les nouvelles caractéristiques de la boîte de vitesses, de l'allumage et de la conception du moteur en feraient certainement une gagnante si aucune malchance ne l'atteignait. Ce discours persistant sur le malheur m'a fait réfléchir, et j'ai commencé à l'interroger d'un peu plus près sur son histoire, et surtout sur la partie qui concernait la femme.

« Qui est cette dame et comment vous a-t-elle interféré ? J'ai demandé. Il se contenterait de dire qu'il l'avait connue sous une demi-douzaine de noms en Amérique et qu'elle était autrefois danseuse au vieux Casino Theatre de New York.

"Elle a tout fait", a-t-il déclaré : "montée en ballons, montée à cheval à Maddison Square Gardens, joué au spectacle des cowboys avec Buffalo Bill et navigué sur un bateau à glace sur les Grands Lacs. Chaque fois qu'elle veut gagner, je suis absent. à perdre. Faites-en ce que vous voulez, c'est la vérité de l'Évangile. Aussi sûr que je sois partant pour l'un des grands prix de ma vie, la fille est là pour me contrecarrer. Si j'étais ce que mon maître d'école appelait un fataliste, Je dirais qu'elle était la prophétesse maléfique qui jouait aux canards et aux drakes avec les jeunes soldats à Athènes. Mais je ne crois rien de tel, je dis que c'est juste de la malchance, et cette femme représente la figure de il."

J'ai été troublé de l'entendre et j'ai posé beaucoup d'autres questions. Comment la fille l'a-t-elle contrarié ? Était-ce juste une idée, ou avait-il quelque chose de mieux à poursuivre ? Il ne savait pas quoi dire ; Je voyais que cela le troublait beaucoup d'en parler.

« Elle me met en tête que je vais perdre, et je perds, dit-il ; "Ça a toujours été pareil, et ça le sera toujours. Quand je montais ce grand cheval sauteur, Desmond, et que je le faisais franchir les barrières, elle était dans l'arène avec un bronco, et elle me regardait avec la douceur d'un enfant. " et il m'a dit : " Ferdy , ton cheval va tomber la prochaine fois " et il est tombé, bien sûr, et il m'a allongé sur mon lit pendant plus d'un mois. Après cela, j'ai participé au match de vélo contre le Français Devereux. , et elle était là, habillée comme un tableau parmi la foule, et souriant comme un ange dans les églises espagnoles. Quand je lui ai fait un signe de tête , elle m'a rappelé un instant et m'a juste mis son joli mot.

« Ferdy , dit-elle, ce Français ne sait pas rouler droit ; il va te rentrer dedans, Ferdy . Le croirez-vous, nous avons canonné ensemble dans le dernier virage, et j'ai été si violemment projeté que même s'il a fait entrer sa machine, je n'ai pas pu le battre.

Il était assez sérieux dans tout cela, et je dois dire que son discours m'a mis en tête des idées bizarres. Je n'ai jamais trop cru à la chance moi-même, estimant que nous la produisons ou la gâchons nous-mêmes, et que ce que certains appellent malheur n'est rien de plus ou de moins qu'une mauvaise action ; mais voici une histoire qui faisait réfléchir un homme, et c'est ce que j'ai pensé pendant qu'il prenait son petit-déjeuner et continuait à parler de sa voiture presque avec autant d'amour qu'un homme parle de la nouvelle fille qu'il a rencontrée pour la première fois hier. Au moment où nous quittions l'hôtel et qu'il reprenait un peu son air dolent, j'ai mis ma parole et j'ai vu qu'il la prenait assez bien.

"Tout compte fait," dis-je, "il y a à l'heure actuelle une petite question de trois mille milles entre vous et la dame. Ce qui a pu se passer là-bas n'est guère susceptible d'arriver dans la Belle France, regardez-le comme vous le souhaitez. Vous ne devriez plus y penser, Ferdinand. Vous devez gagner cette grande course, et vous la gagnerez certainement si je suis juge. Pourquoi, alors, penser à une femme ?

"Parce que," répondit-il, et il était aussi grave qu'un juge à ce moment-là, "parce que je le dois ; je pense à elle depuis que je t'ai récupéré. C'est bizarre, Britten, mais je crois que tu es va me porter chance, et c'est aussi vrai que l'Évangile.

" Et ce sera vrai, " dis-je, " si les bons vœux peuvent le faire, mon garçon. Allons chercher les voitures. Ma boîte à malices fondra si je la laisse plus longtemps au soleil. Rentrons. à Paris et amusez-vous; je suis sûr que c'est ce que vous voulez. "

Il ne s'y est pas opposé ; et l'orage étant passé, et ma bobine se comportant correctement maintenant que l'humidité n'était plus sur les contacts, nous avons couru le long de la route de Paris en compagnie de beaucoup de ceux qui revenaient de leur entraînement matinal, et seulement de quelques amateurs venus voir le plaisir. . Nous avions parcouru un kilomètre et demi, je suppose, lorsque nous avons rencontré une jeune fille conduisant un des tricycles à moteur De Dion, et à peine l'avais-je vue qu'elle est passée avec un éclair et un signe de tête ; et je la connaissais pour la petite Maisa Hubbard, dont la ville parlait depuis trois jours. Ensuite, j'ai fait rouler ma voiture à côté de celle de Ferdinand juste pour lui faire une remarque -

mais, me croirez-vous ? - il était pâle comme un drap, et ses yeux regardaient droit dans le vide, comme si un fantôme se dressait sur son chemin, et il ne savait pas comment s'en sortir.

"Pourquoi, m'écriai-je, et qu'est-ce qui se passe maintenant ?"

Il se reprit avec effort, referma la main sur le volant, puis me répondit :

"C'est bien la fille," dit-il; "tu l'as vue par toi-même."

"Oh, écoute, je ne peux pas supporter ça. Tu ne connais pas Maisa Hubbard, qui conduisait la grande Panhard l'automne dernier ?"

"Je connais Maisa Hubbard qui dansait au Casino Theatre de New York, et c'est la même chose. Ne t'avais-je pas dit qu'elle me suivrait en France ?"

"Tu m'as dit beaucoup de choses", rétorquai-je; "Peut-être en as-tu rêvé."

"Peut-être que je l'ai fait", a-t-il répondu, puis j'ai regretté d'avoir parlé, car son visage était aussi triste que celui d'une femme triste et tout aussi pitoyable.

« Tu veux te remonter le moral, mon garçon », dis-je ; " Attends que nous soyons rentrés à Paris, et je te prendrai en main moi-même. C'est la conduite excessive qui a fait ça ; j'ai connu ce genre de chose et je comprends ce que tu ressens ; mais tu attends un peu, et alors nous verrons. N'as-tu pas dit que j'allais te porter chance ?

"Je l'ai fait, mais pas pendant que Maisa Hubbard était en France. Aucun homme né ne pourrait le faire."

Il était assez déprimé, je dois le dire, et un conducteur plus mélancolique n'a jamais conduit une voiture jusqu'à Champigny, l'endroit d'où devait partir la grande course et notre destination pour le moment. Lorsque nous eûmes fait les mises au point nécessaires et nous être nettoyés, je ramenai Ferdinand à Paris et lui donnai un petit dîner dans un petit restaurant près du faubourg Saint-Honoré.

Après avoir mangé cinq shillings pour trois pence et bu une bonne bouteille de vin rouge aigre chacun, je l'ai emmené à "Olympia", et là nous avons vu le célèbre spectacle qu'ils appelaient "l'Homme dans la Lune". ". Cela ne lui a pas du tout remonté le moral, et un soir, il m'a dit qu'il pensait qu'il se retrouverait bientôt lui-même sur la lune, ou dans n'importe quel endroit où il y a du travail pour les pilotes de course accidentés. Cela m'a fait rire de lui, mais rire ne servait à rien, et j'avais en tête de l'emmener souper dans un petit endroit que je connaissais sur les boulevards, alors que ce qui aurait dû arriver si ce n'était que Maisa Hubbard apparaissait soudainement dans la rue. promenade où nous nous trouvions, et je m'approchai aussitôt de lui avec un sourire tel qu'on aurait pu faire sortir une sainte d'un tableau pour lui dire « bonsoir ».

"Eh bien, c'est Ferdy !" s'écria-t-elle, "et il essaie de me tourner le dos. Oh, mon cher garçon, pourquoi ressembles-tu à ça ?"

Il lui serra la main très poliment et s'excusa à propos du spectacle et du fait qu'il ne se sentait pas très drôle à ce sujet. Elle avait une autre fille avec elle et son frère, Jerome Hubbard, le « whip » qui conduisait avec M. Fownes. Lorsqu'on m'a présenté, elle m'a demandé de venir souper dans un endroit dont je n'avais jamais entendu parler et a déclaré que son frère aurait une crise si nous ne déboursions pas immédiatement une partie de ses économies. La petite fille qui l'accompagnait (je n'écrirai pas son nom) était une marchandise pleine de vie, et j'étais assez prêt à y aller ne serait-ce que pour remonter le moral de « Ferdy », qui, certes, était devenu un autre homme déjà, et parlait et riait avec Maisa comme s'ils étaient « cousins germains » depuis douze mois ou plus. Finalement, nous avons mangé le dîner de M. Jérôme et sommes retournés à nos petits lits à deux heures du matin : ce n'était pas une trop bonne préparation pour une grande course, comme n'importe quel pilote l'admettrait ; mais mon ami semblait redevenu lui-même, et j'aurais mangé une demi-douzaine de soupers pour y arriver.

C'était deux jours avant la réunion, devrais-je vous le dire, et j'ai peu vu Ferdinand jusqu'à ce mémorable matin de juin où, à trois heures et demie précises, Girardot s'enfuit sur son CGV, et fut suivi deux minutes plus tard par Fournier sur son CGV. sa Mors. Depuis, j'ai participé à bien des grandes courses, mais jamais une qui ne m'a autant enthousiasmé que cette fameuse course de Paris à Vienne, qui devait faire la fortune de plus d'une maison anglaise et amener la Coupe Gordon Bennett en Angleterre pour la première fois dans l'histoire du moteur.

Je croyais fermement que mon ami Ferdinand allait gagner la course, et le pressentiment va plus loin dans ce monde que beaucoup de gens ne le pensent. Je n'ai jamais vu un pilote aussi fringant et audacieux. Sa voiture était une merveille. J'ai fait plusieurs voyages avec lui avant la course, et je crois que nous avons fait quatre-vingts ou quatre-vingt-dix milles à l'heure - un miracle pour l'époque, mais on n'y pensait pas tellement en cette année 1909. De plus, il semblait J'avais tout oublié de ce petit diable de Maisa Hubbard et de ses prophéties, et lorsque nous avons déjeuné ensemble le matin du départ , j'aurais dit qu'il était apte à courir pour sauver sa vie.

Et quel début, malgré l'heure ! Quel rugissement et quelle course de moteurs, des voitures déchirant ici et déchirant là, des gendarmes partout, des hommes avec de l'argent sur la tête et de l'argent sur les orteils ; des fonctionnaires bavardant vous disent de faire vingt choses à la fois et se disputant parce que vous les avez faites. L'enceinte elle-même ressemblait au marché aux viandes de Smithfield lors d'une matinée chargée. Je n'ai jamais entendu autant de bruit en un seul endroit auparavant ; et s'il y avait un homme, une femme ou un enfant qui y dormait dans le paisible village de Champigny, eh bien, lui, elle ou cela devrait entrer dans un musée.

Bien sûr, tout cela était assez excitant, et j'ai attrapé un peu de fièvre lorsque vingt soldats ont poussé mon vieux piège à hochet dans la chaussée et qu'un très brave monsieur a donné le signal de « Partez ». Ma foi, je crois qu'il y a eu un moment où j'ai cru pouvoir arriver à Vienne avant les autres ; et, relâchant doucement mon embrayage et disant à Billy, mon mécanicien, de se mettre vite, je la mis bientôt en troisième vitesse, et je courais aussi vite que la mauvaise route me le permettait vers Provins . C'était certes un peu cahoteux, et si je l'avais mise au « quatrième », quelqu'un aurait dû balayer les morceaux rapidement. Mais je l'ai maintenue stable, même si les grosses voitures commençaient à passer comme des locomotives rugissantes sur une pente descendante, et en réalité , elle se débrouillait très bien lorsque le pneu avant hors-jeu demandait un changement d'air, et nous savions que c'était le numéro 1. , en ce qui concerne les crevaisons.

Eh bien, c'était à vingt milles de Provins , sur un long tronçon de route pauvre et désolé, avec une vue lointaine sur les collines et quelques paysans endormis au milieu du foin. Nous avons eu de la chance avec notre tirage au sort et avons commencé tôt dans la liste, et vous pouvez imaginer ma surprise lorsqu'une voiture est apparue et j'ai reconnu Ferdinand, qui était presque le dernier à descendre et qui avait dû dépasser un certain nombre de voitures pour nous dépasser comme il l'a fait. Ma parole, et il conduisait aussi ! Sa grande machine faisait peur quand on l'observait, sautant par-dessus les bosses et menaçant à chaque instant d'être projetée hors de la route dans le champ de foin de l'autre côté de la digue. Mais il y avait un maître au volant, et avec un joyeux signe de la main, Ferdinand passa et se perdit immédiatement dans un puissant nuage de poussière qui s'élevait clairement au-dessus des peupliers.

J'ai à peine besoin de vous dire à quel point j'étais heureux de le voir se porter si bien et à quel point je riais de toutes ses idées stupides sur Maisa Hubbard. Je pensais qu'il gagnerait, même si toutes les dames du ballet du Casino étaient venues lui dire de ne pas le faire ; et lorsque le vieux Dobbin, mon propre groupe, daignait repartir, je poursuivis ma route vers Belfort, ne m'imaginant plus que je serais à moins de cent milles du vainqueur, mais espérant arriver à Vienne à temps. serrer la main de « Ferdy » et lui dire quel imbécile il avait été.

Si je ne l'ai pas dit à Belfort, où Herr Jornek , le concepteur de la voiture, s'est tenu entre nous et a emmené Ferdy pour la soirée pour lui parler, cela a été assez bien dit à Brigenz . Là, une seconde halte fut faite ; et bien que nous soyons arrivés tôt, j'ai eu tout le temps de lui mettre en tête l'idée de gagner, et d'en sortir l'idée de Maisa Hubbard. Tout le monde sait que nous devions passer par la France, la Suisse, l'Allemagne et l'Autriche pour cette grande course, et que la partie suisse était assez lente, puisque aucune course n'était autorisée par les vieux messieurs timides de la capitale. En effet, s'il est un pays en Europe qu'un automobiliste a intérêt à éviter à tout moment, c'est bien la Suisse. Nous avons simplement traversé l'endroit au cours de ce voyage particulier, et à Brigenz , mon ami Ferdinand était en tête de liste, seuls De Knyff , Jarrott et les Farman le devançant. Je lui ai dit que s'il traversait les montagnes de l'Arlberg comme sa voiture devrait le faire, il serait certainement vainqueur. Et c'est là que nous sommes restés fidèles jusqu'à ce qu'il soit temps de nous transformer dans nos petits lits et de rêver au lendemain.

"J'ai entendu dire que le diable lui-même pourrait avoir peur de franchir ce col à n'importe quelle vitesse", dis-je, "et voilà votre chance, Ferdy . Vous dites que ce sera votre chance de gagner cette course. Eh bien, vous donnez votre faites-y attention, et ne fuyez pas les risques, et vous êtes déjà comme un gagnant. Il n'y a pas une voiture dans le peloton qui puisse vous retenir dans les montagnes, et vous le savez.

"Tu as raison", dit-il, "et j'aimerais pouvoir te dire la même chose. Mais Lal, mon garçon, ce n'est pas exactement un cheval de guerre que tu as sous toi, et je ne peux pas." Je n'ai pas peur des montagnes et je peux me casser le cou aussi bien que la plupart des autres ; ne pensez pas autrement. Si ma chance est bonne, Lal Britten l'a réparé, et je ne l'oublierai pas quand le des shekels sont payés. Vous me trouverez peut-être un peu idiot, mais je dirai ceci, que je ne me suis jamais senti aussi sûr de moi ou de la voiture que ce soir, et si la confiance et un bon moteur ne l'emportent pas à travers le Arlberg, alors nous y renoncerons, Lal, et nous prendrons des poussettes.

« Cela ne veut rien dire de la dame, » dis-je ; mais son visage s'assombrit et j'aurais préféré ne pas avoir parlé.

« Elle est à Paris, et merci à Dieu », s'écria-t-il en se levant pour se coucher ; "Si elle était ici à Brigenz ce soir, je ne donnerais pas six pence pour mes chances, et c'est toute la vérité. Maintenant, allons-y, sinon je rêverai d'elle, et les rêves ne gagneront pas de couronnes de laurier, comme vous l'admettrez même.

Je l'ai laissé partir et je l'ai suivi dix minutes plus tard dans ma propre chambre. C'était juste une injure, je suppose, qui m'a retenu, car, alors que je traversais le couloir du premier étage de notre hôtel , j'ai entendu une femme dont le rire faisait des étincelles ; et se retournant, il y avait Maisa Hubbard elle-même, vêtue d'une belle robe de Paris et d'un grand chapeau de paille, avec une plume rose assez grande pour décorer le Shah. Elle m'a juste fait un signe de tête agréable puis est descendue, pendant que je me dirigeais vers ma chambre, me demandant ce que Ferdy aurait dit s'il l'avait vue, et quelle véritable malchance l'avait amenée à Brigenz à un moment pareil.

Bien sûr, elle était venue en train. Beaucoup de monde l'a fait pour suivre les courses ; et la voilà parmi une joyeuse fête, aussi simple et naïve qu'une bergère du Vic, et pas plus âgée qu'une écolière. Quand je me suis levé à quatre heures du matin , j'étais plein de curiosité de savoir si Ferdy l'avait vue. Mais il était aux commandes de sa voiture, assez joyeux pour lui-même, mais très inquiet pour son mécanicien, Down, qui s'était cassé le bras en essayant de démarrer le moteur et avait déjà été emmené à l'hôpital. l'hôpital. Une minute plus tard, j'ai entendu dire que notre vieux sifflet ne démarrait pas du tout, et il était là, comme si une Providence spéciale l'avait ordonné.

« Tu ne peux pas bouger ton propre char-à-banc, le vilebrequin est cassé », me dit Ferdinand en me demandant pour la dixième fois de me lever à côté de lui ; "Je n'ai personne et je vais gagner cette course. Si vous pouviez créer un nouveau vilebrequin à partir de rien, vous seriez toujours trois derrière le dernier et toute la ville se moquerait de vous. Lève-toi, Lal, et finissons-en. Je te dis que je le savais depuis le début.

Eh bien, j'ai regardé ceci : et après avoir juste parlé avec mon mécanicien Billy, et étant bien sûr que la Vézey , si douée qu'elle fût pour se retourner contre moi, n'avancerait pas ce jour-là ou pendant quelques jours à venir, j'ai il laissa des instructions pour l'envoi de télégrammes en Angleterre et se retrouva aux côtés de Ferdinand sans plus tarder.

Je vous ai dit qu'il figurait déjà en bonne place dans la liste, vous comprendrez donc que nous n'avons pas eu longtemps à attendre le mot « Go ! » Mais avant cela, et pendant que la voiture était encore sous le « contrôle », qui devait s'approcher de nous sinon Maisa Hubbard elle-même ; et, le croirez-vous, j'ai senti toute ma confiance, tant dans l'homme que dans la voiture, suinter du bout de mes doigts, comme l'eau qui coule d'un robinet. Comment ou pourquoi cela aurait dû se passer, je ne suis pas homme à le dire ; mais il y avait le fait que cette jolie femme pouvait exercer cette magie sur moi simplement par un regard de ses yeux sournois, et pouvait faire pire à mon ami Ferdinand, comme je m'en rendais clairement compte. Quant à ce pauvre type, il est devenu blanc comme un fantôme dès qu'il l'a vue, et j'ai vraiment cru qu'il ne parviendrait jamais à démarrer la voiture.

"Oh, mon cher garçon, je t'ai cherché partout", s'écria-t-elle en lui offrant un petit bouquet de roses rouges, comme si elle l'aimait tendrement.

"Maintenant, ne prendras-tu pas ça comme une chance ? Je suis sûr que tu voudras de la chance aujourd'hui, Ferdy . Sais-tu, j'ai rêvé de toi la nuit dernière ?"

Il a dit « Oui » et a déposé les fleurs sur le siège à côté de lui. Je pouvais le voir se lécher les lèvres comme si sa bouche était sèche, et bientôt il lui posa une question.

"De quoi as-tu rêvé, Maisa ?"

Elle secoua la tête et commença à jouer le style de la comédienne.

"Oh, je suppose que je ne te le dirais pas, de toute façon."

"Mais je veux savoir, Maisa ?"

" Ce n'était qu'un rêve, bien sûr – ne sont-ils pas réels parfois, Ferdy ? Eh bien, je t'ai vu conduire ta voiture sur le flanc de la montagne, aussi clairement que jamais j'ai vu quoi que ce soit dans ma vie. "

Il rit doucement, me regardant avec un regard que je n'oublierai jamais.

"Tu es vraiment douée pour rêver, Maisa. Et si je te décevais cette fois ?"

"Ne sois pas stupide, Ferdy , tu n'aurais pas dû me demander de te le dire. Eh bien, tu es trop intelligent pour être aussi stupide, et tu le sais. Au revoir et bonne chance. Je te verrai dans Vienne."

Il a simplement hoché la tête et a relâché sa pochette avec un tel bruit qu'il a failli me faire tomber par-dessus le tableau de bord. Je voyais qu'il avait perdu son sang-froid avec les paroles de la femme, et si ses vœux avaient pu la récompenser, elle aurait obtenu quelque chose pour ses douleurs, je vous l'assure. Dans l'état actuel des choses, je ne pouvais rien faire d'autre que faire semblant d'en rire, et je l'ai fait du mieux que je pouvais.

« Les rêves vont par des contraires », dis-je ; "n'importe quel enfant le sait."

« Elle n'en a pas rêvé du tout », fut sa réponse ; "elle l'a dit par dépit."

"Pourquoi devrait-elle être méchante——?"

"Vous demandez à l'homme et à son maître. Elle cherche une autre voiture pour gagner, et elle gâchera mes chances si elle le peut."

« Vous serez donc plus dupe de l'écouter. Décidez-vous de l'oublier. Vous pouvez le faire si vous essayez. »

"Ah," dit-il, et, sur ma parole, j'étais désolé pour lui, "cette fille va me ruiner, Lal, aussi sûrement que nous sommes dans cette voiture."

"Tu parles comme un lâche, Ferdy — tu n'as pas dit que je t'avais porté chance ——"

"Et tu le feras... j'essaierai de le croire, Lal... je le pense depuis le début. Si ce n'était pas pour elle..."

"Oh, soyez fou d'elle", dis-je; et c'est ce que je voulais vraiment dire.

Nous étions sur la ligne de départ au moment où ces mots furent prononcés, et en deux minutes nous avons reçu le signal, et la grande voiture de Modène s'est enfuie comme un oiseau géant sur l'aile. C'était l'étape cruciale de cette célèbre course, où il fallait gravir les montagnes de l'Arlberg et descendre jusqu'à Innsbruck. C'est le jour où Edge est devenu le fier vainqueur de la Coupe Gordon Bennett et le matin où Jarrott a démonté les meubles de sa chambre pour rigidifier le cadre de sa Panhard de 70 chevaux. Notre voiture n'était pas destinée au Gordon Bennett, et notre course ne s'est pas terminée à Innsbruck, mais au loin Vienne, du moins si nous traversions les terribles montagnes de l'Arlberg en toute sécurité et descendions de l'autre côté la tête toujours sur les épaules. Cela dépendait de mon ami Ferdinand, le plus grand conducteur qui ait jamais vécu dans une journée ordinaire, mais un diable fou ce matin-là s'il en est jamais un.

Oh! on pouvait le voir dès le début. Les paroles de cette femme étaient entrées dans son âme, et il ne niait pas croire que son heure était venue. Nous sommes partis en avance et nous avons rattrapé les deux grosses voitures devant nous presque dans la première heure. Quand nous sommes arrivés à la montagne, nous avons commencé à grimper comme si un vent magique nous soulevait. Aussi grandiose que soit la scène, avec les puissantes montagnes qui se dressaient au-dessus de nous et la vallée pleine de merveilles qui s'étendait en contrebas, je n'avais d'yeux que pour la route sinueuse, ni de pensées pour un autre objectif que celui d'Innsbruck lointain, où le danger serait dépassé. . Parfois, j'aurais souhaité que Ferdinand change de siège avec moi et me laisse conduire. Aucune femme qui serait née ne m'effrayerait, pensais-je, et pourtant je ne pouvais même pas en être sûr. Les mots prononcés dans le « contrôle » résonnaient dans ma tête. "Nous traversions le flanc de la montagne." Bon Dieu, si c'était vrai !

L'ascension des montagnes de l'Arlberg est une chose merveilleuse, mais sachez que la descente de l'autre côté est un jeu d'enfant. Imaginez une série de zigzags effrayants avec d'un côté une paroi rocheuse à pic et de l'autre un précipice tout aussi abrupt, si ouvert et si sans défense que certains camarades de cette race étaient rendus presque fous de terreur à sa simple vue. Heureusement pour moi, j'étais assis sur le côté gauche de la voiture et je ne voyais que très peu de choses de ce qui se passait ; mais je savais que notre roue avant hors-jeu se trouvait à plusieurs reprises à moins de deux pouces du bord à mesure que nous montions ; et lorsque nous avons franchi le sommet et commencé la descente , j'aurais juré que Ferdinand lui-même avait perdu tout espoir de descendre sain et sauf.

Une fois, je me souviens, il a poussé un grand cri et a projeté la voiture vers l'intérieur avec une telle torsion que nos roues ont éraflé jusqu'au rocher ; il y avait des moments où il s'arrêtait complètement et se passait la main sur les yeux comme s'il ne pouvait pas voir clairement. Ici et là, je pensais qu'il conduisait comme un fou, contournant un virage effrayant avec nos roues au-dessus du gouffre même, ou se précipitant dans une ligne droite comme si rien ne pouvait le sauver au fond. Si je l'appelais et le suppliais de ne pas être un imbécile, il me répondait que « ce qui devait être serait » ; puis il a mentionné le nom de Maisa, et j'ai su qu'il ne l'avait pas oublié.

Eh bien, comme beaucoup le savent, la fin est arrivée à ce grand dôme rocheux qui ressemble aux yeux du monde entier à la cathédrale Saint-Paul. J'avoue que je n'aurais pas dû être ici plus sage que Ferdinand. Nous semblions suivre une douce courbe autour du dôme, avec le rocher à notre gauche et la vallée à trois mille pieds de profondeur à notre droite. Il n'y avait rien à nous dire sur le piège du danger ; et, pensant avoir la route libre, Ferdinand a ouvert les gaz et nous avons filé en avant comme un obus de fusil. Moins d'une seconde après, j'avais fait un bond fou de mon siège et Ferdinand, sans cri ni bruit, s'était précipité vers la vallée en contrebas.

Je suppose que cinq bonnes minutes ont dû s'écouler avant que je sache quoi que ce soit, soit de la nature de cet terrible accident, soit de la chance qui a accompagné mon saut. Allongé sur le dos, je pris conscience bientôt que j'étais dans un épais buisson d'ajoncs qui bordait la route par ici. Il m'avait attrapé comme une toile d'araignée attrape une mouche. J'avais, il est vrai, une douleur intolérable : tout mon corps semblait engourdi, comme s'il avait été frappé avec des fers, tandis que mes vêtements de cuir étaient déchirés en lambeaux. Mais peu à peu, je me suis rendu compte que je pouvais me lever si je le voulais, et quand j'ai regardé au-dessous de moi et que j'ai vu le précipice abrupt, et que rien d'autre qu'un buisson ne se dressait entre moi et lui, vous pouvez être sûr que je a repris la route plus vite qu'un homme n'en compte deux. Et j'étais là, essayant de me rappeler ce qui s'était passé et ce que mon devoir m'appelait à faire.

Ferdy et la voiture ! Bon Dieu, que leur était-il arrivé ? La sueur s'est déversée sur moi comme la pluie quand la vérité est revenue. Ferdy était là-bas, au fond de cet horrible précipice. Tremblant de tous mes membres, je me traînai jusqu'au bord et regardai. Oui, je pouvais voir la voiture, qui ressemblait à un petit jouet, au fond de la vallée. Il posait des roues vers le haut, dans ce qui semblait être un petit ruisseau ou une rivière ; mais de mon camarade aucun signe nulle part. En vain j'ai crié son nom encore et encore. Les voitures commencèrent à me dépasser et, averties par ma présence, elles prirent sain et sauf ce terrible virage ; mais pas un de leurs chauffeurs ne devinait qu'un brave garçon était passé par là et que j'étais à moitié fou à cause de cela. Ils s'en allèrent, avec un signe de tête et un cri, laissant derrière eux le silence froid des montagnes, et Lal Britten pleurant comme une femme parce qu'ils ne sont pas restés. A la fin, je ne pensais plus à eux et, me retrouvant au bord du gouffre, j'ai crié "Ferdinand" jusqu'à ce que les collines sonnent.

Il m'a répondu, comme je suis un homme vivant, Ferdinand m'a enfin répondu. Au début , je croyais si peu à la vérité de ce que j'entendais que j'avais presque l'impression que les montagnes se moquaient de moi et renvoyaient ma voix en écho. Puis j'ai compris qu'il n'en était rien, mais que mon ami m'appelait en réalité d'un endroit à trente ou quarante mètres de la route, où les broussailles étaient plus épaisses. C'était l'endroit où notre char et notre boîte à outils, projetés en avant alors que la voiture faisait un écart et tombait, gisaient brisés sur les rochers. Je les ai à peine remarqués pour le moment ; mais, m'élançant sur place, je me jetai à plat ventre et me suspendis au-dessus du précipice pour répondre à mon camarade. Et puis, en un instant, j'ai su ce qui s'était passé – alors j'ai compris.

La voiture, dis-je, avait fait un écart vers la droite en s'engageant dans le précipice. Sa force énorme non seulement fit voler tous nos détritus sur la route qui tournait à gauche, mais elle projeta Ferdinand de côté ; et, bien qu'il soit passé par-dessus, il est tombé, comme les journaux vous l'ont dit, juste là où le mur se renforçait ; et ici, tenant à cœur la vie des arbustes, il attendait que je le sauve. Une telle torture, je n'en ai jamais connue, et je ne la connaîtrai plus. La vue de mon ami, à moins de dix pieds de moi, le précipice m'interdisant de descendre, car il était tout à fait abrupt au sommet ; son visage blanc, son emprise désespérée sur les buissons décousus – oh, vous ne pouvez pas imaginer ou penser à la vérité comme j'ai dû le faire en ce terrible matin.

"Combien de temps peux-tu tenir ?" Lui ai-je demandé en serrant les dents après avoir parlé.

"Peut-être une minute, peut-être deux. Si tu pouvais trouver une corde, Lal——"

"Je vais arrêter une voiture", dis-je - une chose plus folle n'a jamais été dite, mais je devais dire quelque chose - "Je vais arrêter une voiture et leur demander de m'aider. Peut-être que ma chemise le fera, Ferdy ."

« Au revoir si ce n'est pas le cas, » dit-il tout bas ; et je sus alors qu'il était préparé à la mort et qu'il s'y attendait ; mais j'étais déjà occupé avec ma chemise, la déchirant avec des doigts tremblants, quand il reprit la parole.

" Dommage que nous n'ayons pas la corde avec laquelle je t'ai remorqué l'autre jour, " dit-il soudain ; et là-dessus je sursautai comme s'il m'avait frappé.

"La corde, où l'as-tu portée ?"

"C'était dans la boîte à outils", répondit-il, toujours aussi calme.

Je crois que j'ai crié là-dessus — je sais que je pleurais comme une femme une minute après. La boîte à outils ! Eh bien, il gisait là, contre le rocher, devant mon nez, ce foutu imbécile ! Et la corde même qui avait donné naissance à notre amitié : était-ce le hasard ou le destin qui l'avait mise entre mes mains, et Ferdinand avait-il eu raison ou tort de dire que je lui portais chance ?

Je ne répondrai pas à ces questions, car il était assis à côté de moi moins de deux minutes après, et nous nous embrassions comme des frères.

L'amie de Maisa Hubbard n'est pas arrivée la première à Vienne, et j'étais assez content. Que Ferdy ait simplement imaginé qu'elle avait une mauvaise influence sur lui, ou s'il est vrai que certaines femmes sont maîtresses du destin des hommes, je n'ai pas la prétention de le dire. L'histoire est là pour parler d'elle-même.

Et Maisa, dois-je ajouter, est dans les journaux à moitié penny. Vous souvenez-vous de ce fameux cas de Lord — mais peut-être que ce n'est pas à moi d'en parler ?

[1] Les noms du conducteur, Ferdinand, et de
la voiture, la Modena, ont été remplacés par
l'éditeur par ceux du propre récit de M. Britten.
Les raisons en seront évidentes pour le lecteur.

LE PANIER DANS LA ROUTE DE LIMITE

Les médecins vous diront parfois que la conduite automobile est bonne pour les nerfs ; et comme ils sont désormais si nombreux à acheter des voitures, et qu'il n'y a pas d'homme comme un médecin pour prendre soin de sa propre chair et de son sang, je suppose qu'ils pensent ce qu'ils disent. Quoi qu'il en soit, j'aurais aimé avoir un médecin avec moi le soir où j'ai récupéré Mabel Bellamy ; car si ses nerfs avaient supporté ça et qu'il ne s'était pas donné de quinine et de fer pendant les deux mois suivants, eh bien, j'aurais payé moi-même ses honoraires.

Vous voyez, c'était un boulot de rhum dès le début. Je travaillais pour Hook-Nosed Moss à l'époque, et, étant donné le Carême et la moitié des dames de théâtre faisant pénitence à Monte Carlo, nous n'étions pas vraiment en train de faire un trou dans la Banque d'Angleterre - ni, d'ailleurs, , gagnant même nos billets pour Jérusalem. Moss descendait au garage du West End de plus en plus sombre chaque jour ; et un matin, quand j'ai vu qu'il avait mis en gage son bouton de chemise en diamant (le même que nous appelions "Le Blériot"), pourquoi alors, dis moi, Lal Britten, restez à l'écart de la Bourse et ne mettez pas vos trente derniers bob dans Consols , partout où vous le placez.

Or, tel était l'état des choses lorsqu'un matin, au début du mois de mars de l'année dernière, nous avons reçu un appel téléphonique public à Bayswater et le Napier couvert a été commandé pour une maison sur Richmond Road, Bayswater - une localité que je ne connaissais pas, mais que Moss a déclaré que cela devait aller, puisque le monsieur qui vivait là savait que nous avions une voiture Napier et nous a donc été en quelque sorte présenté. Une demi-heure plus tard, il découvrit que Richmond Road n'était rien de mieux qu'une méchante rue de maisons d'hébergement et, ma parole, il ne me déroulait pas ses instructions comme des textes sortis d'un cahier.

"C'est dommage, Britten", dit-il en passant devant le capot de la voiture que je préparais pour le voyage. "J'ai été trompé par les gens de la rue. Nous devons avoir notre modèle avant qu'ils n'aient la marchandise. Attention, maintenant, vous adorez parcourir un kilomètre à moins qu'ils ne paient les brillants . Trois guides identifiez votre poche et ensuite vous les conduisez . Est-ce que tu écoutes, Britten ? »

J'ai réussi à lui donner un peu d'huile avec mon bidon — car nous aimons Moss, puis je lui ai dit que Nelson, sur la dunette du *Victory* , n'était pas plus conscient de ses fonctions.

" Trois guinées encaissent et ensuite je les conduis . Est-ce un aller-retour pour voir les beautés du Surrey, M. Moss, ou est-ce que je retourne dans mon petit lit après la fin du bal ? J'aimerais savoir sur le compte de porter plainte devant la Cour, si cela ne vous dérange pas.

"Oh," dit-il, "vous avez reçu l'ordre de partir à minuit, donc je suppose que c'est le léger orteil fadastique , Britten. Mais à mi-temps, vous récupérez votre modèle - ou j'arrête votre salaire, bien sûr. Trois guides et quoi. tu es un escroc pour toi-même... Je n'y toucherai pas, Britten... Je sais comment bien traiter mes domestiques.

J'en ai ri, mais je n'en ai pas trop dit, de peur qu'il découvre qu'il avait une tache d'huile aussi grosse qu'un ballon de football sur le dos de son magnifique nouveau costume de printemps, et quand il m'a dit que le Le nom de la fête était Faulkland Jones et m'avait donné le numéro de la maison, j'ai repris mon travail et bientôt Napier, âgée de trois ans, courait aussi bien que jamais dans sa vie. Rien d'autre ne s'est produit non plus jusqu'à dix heures du soir, heure à laquelle je l'ai conduite jusqu'à la maison de Richmond Road, à Bayswater , et j'ai envoyé un petit garçon frapper à la porte.

C'était une boutique à deux sous , cela ne faisait aucun doute ; un hôtel d'avant-hier à deux étages, avec un bow-window comme un capot métallurgique et une porte à peu près aussi grande que le haut de votre boîte de vitesses.

Aussi loin que je pouvais voir de la route, il n'y avait qu'une seule lampe allumée dans cet endroit, et elle était pour ainsi dire hors du côté, dans une petite fenêtre d'une chambre à coucher - mais le garçon a dit plus tard qu'il y avait une lueur. dans le hall, et il était assez vieux pour le savoir. Au total, vous ne leur auriez pas offert trente livres par an pour tout cela si vous n'aviez pas été un Rothschild avec un cuisinier pour pensionner - et ce que ces gens voulaient avec une limousine Napier à trois guinées pour le travail, je n'aurais vraiment pas pu le dire. . Mais cela ne me regardait pas ; alors j'ai juste donné un sou au garçon et je me suis installé sur mon siège jusqu'à ce que la duchesse en tablier apparaisse.

Je n'ai pas dû attendre longtemps, peut-être cinq minutes, peut-être dix. J'ai dit à la police, lorsqu'elle m'a interrogé par la suite, de partager la différence, car seul un policier aurait pu vous dire ce que cela avait à voir avec mon histoire. Quand la porte s'ouvrit enfin, deux hommes portant un panier descendirent du bout d'un jardin, et le premier d'entre eux me souhaita très poliment un « bonsoir ». Puis ils déposèrent doucement le panier sur le trottoir et commencèrent à m'en parler.

"Quelle est la solidité de votre toit ?" » demanda le premier, parlant avec un pincement nasillard que je n'arrivais pas à situer. "Est-ce que ça prendra ce petit panier, d'accord ?"

"Eh bien," dis-je, "ça peut dépendre de ce que tu as à l'intérieur. Suis-je venu pour faire la lessive, ou est-ce que je conduis ton assiette à la Banque d'Angleterre ?"

Le second, le plus grand des deux, en rit ; mais le premier semblait très inquiet, et il ne m'échappa pas qu'il jeta un coup d'œil à droite et à gauche comme s'il avait peur que quelqu'un vienne entendre ce que son ami avait à dire ensuite.

"Je suppose que ce n'est ni l'un ni l'autre", a poursuivi le premier intervenant. "Nous jouons des pièces de théâtre à l'hôtel de ville de Hampstead demain soir, et voici les robes. Nous voulons que vous les emportiez jusqu'à Boundary Road, St. John's Wood. Je vous montrerai la maison quand nous y arriverons. mais il s'appelle Bredfield , et vous le reconnaîtrez grâce à une lampe à bout carré placée contre la voie latérale. Peut-être pourriez-vous nous donner un coup de main avec les bagages et nous dire : avez-vous des objections à l'or quand vous ne pouvez pas le faire ? obtenir de l'argent ? »

Il m'a donné un souverain et je l'ai mis dans mon gant. Moss m'avait dit de récupérer les shekels avant de les parcourir un kilomètre et demi, et je leur ai donc dit à tous les deux alors que je descendais l'échelle à bagages, que j'avais heureusement apportée, ne connaissant pas le travail. À ma grande surprise, ils ont payé immédiatement, mais je n'ai fait aucune remarque à ce sujet ; et après avoir signé le reçu à la lumière de ma lampe de poche, je les ai aidés à monter le panier et je l'ai bientôt attaché aux rails d'une manière qui satisfaisait même le petit homme nerveux aux yeux de soucoupe.

Beaucoup m'ont demandé si je n'avais aucun soupçon sur ce panier, si je n'étais pas curieux de son contenu et si je n'avais rien remarqué pendant que nous le hissions. A ceux-là, je réponds que les hommes eux-mêmes étaient les principaux acteurs de l'affaire ; qu'ils soulevèrent les bagages du trottoir, et que ma tâche consistait principalement à les guider jusqu'aux rails et à les arrimer une fois arrivés là. Autrement, ce panier n'était pas différent de n'importe quel panier à vêtements que l'on peut voir sur une demi-douzaine de quatre-roues la première fois que l'on entre dans une gare ; et je mentirais si je disais que j'y ai pensé. En effet, ce n'est que lorsque nous sommes arrivés à Boundary Road et que je me suis arrêté à la maison appelée Bredfield que la moindre idée de quelque chose de mal m'est venue à l'esprit. Là, cependant, j'ai eu un choc, et je ne me suis pas trompé ; car à peine étais-je arrivé que je découvris que j'étais arrivé seul, et que ni le grand homme à l'accent yankee, ni le petit homme aux yeux de soucoupe n'avaient daigné m'accompagner.

Eh bien, je suis descendu du siège du conducteur, j'ai ouvert et fermé la portière comme pour être sûr que ni l'un ni l'autre ne se cachaient sous le

siège, puis j'ai sonné bruyamment à la sonnette de la porte d'entrée et j'ai
attendu de voir quelle fortune m'avait apportée. dans son sac porte-bonheur.

Si les hommes m'avaient dit clairement que je devais y aller seul, je
n'aurais jamais réfléchi à cette question ; mais j'aurais juré qu'ils étaient tous
les deux à l'intérieur de la limousine lorsque je quittai Richmond Road, et je
n'en savais pas plus que le Lord Chancelier comment et où ils descendirent .
Restait à savoir si les gens de la maison étaient plus sages ; et vous pouvez
être sûr qu'à ce moment-là j'étais assez curieux et, s'il faut dire la vérité, pas
peu effrayé.

Boundary Road, comme beaucoup le savent, est une artère tranquille
de St. John's Wood, la plupart des maisons étant isolées et bon nombre
d'entre elles ayant vingt pieds de jardin à l'arrière et à l'avant. Cette maison
particulière était plus grande que d'habitude et possédait une étrange lampe
en fer fixée au-dessus de la porte du jardin et bien visible à une centaine de
mètres. Contrairement à la cabane de Richmond Road, presque toutes les
fenêtres étaient éclairées par une lumière vive ; et je ne pense pas avoir
attendu vingt secondes, même si cela me semblait un quart d'heure, lorsque
la porte d'entrée s'ouvrit brusquement et que l'une des plus jolies femmes de
chambre que j'aie jamais vue est arrivée en courant dans l'allée et a demandé,
même si avant qu'elle ait ouvert la porte, si la dame était arrivée.

"Eh bien," dis-je assez rapidement, "qu'elle ne l'a certainement pas fait,
puisqu'elle a été emmenée dîner avec le grand-duc Isaac au Metropolitan
Music Hall. Mais ses robes sont ici, mademoiselle, et si vous aimez en essayer
une," " Em avant qu'elle arrive, eh bien, vous êtes les bienvenus en ce qui me
concerne. "

Elle en rit et sortit sur le trottoir. J'ai dit qu'elle était jolie, mais ce n'est
pas le mot approprié. Si elle montait sur la scène du Gaiety demain, elle ferait
parler d'elle dans quinze jours – et quant à ses manières, eh bien, ce n'est pas
à moi de faire des remarques là-dessus. L'affabilité m'attire partout où je la
trouve, et si Betsy Chambers n'est pas affable, alors je ne connais pas le sens
du terme.

"D'où venez-vous?" m'a-t-elle demandé alors que nous étions là ; "Es-
tu venu d'Ecosse ?"

« Plutôt à Scotland Yard à cette époque », dis-je ; "Pourquoi devrais-tu
me demander ça?"

" Parce que le monsieur a dit que sa femme arriverait d'Écosse ce soir,
mais qu'il ne serait là que demain. Je ne me serais arrêté dans la maison pour
rien au monde s'il n'avait pas dit qu'elle venait ! "

"Alors tu es seule, ma chérie ?"

Elle secoua la tête.

"Oui, je le suis, et c'est pourquoi toutes les lampes sont allumées."

« Eh bien, bien sûr, m'écriai-je, il pouvait y avoir un homme sous le lit ; » mais elle était trop polie pour s'en apercevoir, et je voyais qu'elle avait très peur de dormir seule dans cette étrange maison, et je ne m'en étonne pas.

"Je peux me promener toute la nuit dans le jardin de devant, si tu veux", dis-je, "ou peut-être pourrais-je dormir sur le canapé du salon, si tu préfères. Est-ce la première fois qu'ils te laissent seul ici ?"

Elle m'a regardé avec surprise.

"Je n'ai été engagé qu'hier par le bureau d'enregistrement de Marylebone. C'est une maison meublée, et ils l'ont prise pour trois mois, c'est certain. Le monsieur vient d'Edimbourg et la dame est américaine. Ils n'ont pas encore de cuisinier, mais j'espère en avoir un demain. Que dois-je faire s'ils ne viennent jamais du tout ?

"Oh," dis-je, "essayez ses robes et voyez si elles vous vont. Supposons que nous mettions le panier pour commencer. Voici un type qui arrive et qui a l'air de pouvoir dépenser six pence s'il n'avait pas reçu un shilling. " Nous allons l'enrôler et ensuite parler du dîner. Au fait, vous vous appelez Susan ? La dernière gentille fille que j'ai rencontrée s'appelait Susan, et j'ai donc pensé... "

« Oh ! ne soyez pas stupide », dit-elle ; "Je m'appelle Betsy, et si tu me serres la main comme ça, quelqu'un te verra."

Je lui ai dit que cela avait dû être fait dans un moment d'abstraction, puis j'ai hélé le « chauffeur de taxi » qui flânait sur la route ; et, avec lui et un messager pressé, nous descendîmes le panier, le soulevâmes dans une grande salle carrée et le déposâmes presque au pied de l'escalier, où nous devions le porter tout à l'heure.

D'une manière ou d'une autre, il me semblait trop lourd pour un panier à linge ; mais je n'en ai rien dit sur le moment et, disant à Betsy que je reviendrais dans une minute, je suis retourné à ma voiture pour couper l'essence et voir que tout allait bien. Lorsque je rentrai dans la maison, et presque aussitôt que j'eus fermé la porte, il m'arriva la chose la plus étrange dont je puisse me souvenir. Ce n'était rien de moins que ceci : la jeune fille, Betsy, est venue vers moi avec son visage blanc comme un drap ; et, avant que je puisse prononcer un seul mot ou lui poser l'ombre d'une question, elle s'est glissée tête baissée entre mes bras et est restée comme une chose morte.

Maintenant, c'était une position agréable et ne nous y trompons pas. La fille était molle et impuissante dans mes bras, pas une âme dans la maison, je ne savais pas où mettre la main sur une goutte d'eau-de-vie, sans parler d'un verre d'eau, et, surtout, le sentiment particulier que quelque chose n'était pas fini. -agréable a dû effrayer Betsy, et cela pourrait m'effrayer avant que plusieurs minutes ne se soient écoulées. En écoutant attentivement, je ne pus d'abord entendre aucun bruit dans toute la maison, mais juste au moment où je me disais de ne pas être idiot, j'entendis, aussi clairement que jamais dans ma vie, un soupir comme celui de quelqu'un gémissant . dans la douleur; et là-dessus, je crois que j'ai laissé tomber la jeune fille par terre et que je me suis précipité dans la pièce la plus proche dans un état d'esprit que j'aurais eu honte de confesser même à mon propre frère.

Qu'est-ce que cela signifiait, qui nous jouait des tours et quel était le mystère ? J'ai regardé autour de l'appartement et j'ai compris qu'il s'agissait de la salle à manger, meublée simplement, bien éclairée, mais aussi vide de monde que l'abbaye de Westminster à midi un dimanche soir. Une pièce plus petite sur la droite était plongée dans l'obscurité, mais j'ai trouvé l'interrupteur et je me suis assuré en un instant que personne n'y était caché ; une recherche dans tous les coins et recoins des environs ne m'a pas non plus éclairé davantage. Ce qui était encore pire, c'était que j'entendais maintenant très clairement les gémissements ; et après être resté debout une minute, le cœur battant comme une pompe à vapeur et les yeux à moitié aveuglés par les ombres et la lumière, j'ai découvert, en un éclair, que celui qui gémissait n'était dans aucune pièce de la maison, ni dans ni dans le couloir, ni dans l'escalier, mais dans le panier même que je venais de déposer et que j'aurais dû porter à l'étage supérieur avant que plusieurs minutes ne se soient écoulées.

Je ne vais pas dire ici précisément ce que j'ai pensé ou fait lorsque j'ai fait cette étonnante découverte, ni simplement ce que j'ai ressenti au moment où j'ai essayé d'en comprendre la signification. Peut-être que je ne pourrais pas me souvenir de la moitié de ce qui s'est passé, même si j'essayais de le faire. Mon souvenir le plus clair est celui d'une rue sombre et silencieuse, et de moi debout là, tête nue, avec une jeune fille évanouie dans mes bras et un vieil homme courtois aux moustaches blanches demandant encore et encore : « Mon bon ami, quel que soit le problème. ça compte et qu'est-ce que tu fais ici ? Quand je lui ai répondu , c'était pour le prier, pour l'amour de Dieu, de me donner le nom du médecin le plus proche — et je me souviens qu'il m'a simplement montré la maison d'en face et une plaque de cuivre sur sa porte.

« Je suis M. Harrison, le chirurgien, » dit-il rapidement ; "Je viens d'acheter un moteur, alors j'ai traversé la route pour voir le vôtre. Racontez-moi ce qui s'est passé et quel est le problème avec cette femme."

Je lui ai dit aussi doucement que possible.

"Dieu sait ce que c'est – peut-être un meurtre. La jeune fille l'a entendu et s'est évanouie. Elle ira mieux dans une minute si je peux la coucher. Je n'aurais jamais pensé qu'une femme pesait la moitié de ce poids. De toute façon, elle revient et c'est tout. quelque chose... si vous pouviez appeler un policier, monsieur.

C'était un gentleman calme, je dois le dire, et, regardant de haut en bas la rue, pendant que je déposais la jeune fille sur le marchepied de la voiture, il aperçut le petit messager qui nous avait aidés à porter le panier jusqu'à la voiture. maison et l'a envoyé chercher un policier. Betsy avait déjà ouvert les yeux, mais tout ce qu'elle pouvait dire n'avait aucun sens pour moi, ni plus clair pour lui. Une fois que nous l'avons conduite à son cabinet et que nous l'avons laissée là-bas, nous sommes rentrés ensemble à la maison et, en chemin , j'ai essayé de lui raconter exactement ce qui s'était passé et comment je me suis retrouvé mêlé à une affaire aussi étrange. L'histoire était encore à moitié racontée lorsque nous montâmes les marches de Bredfield et marchâmes droit vers le panier qui avait effrayé la jeune fille et m'avait laissé me demander si j'étais éveillé ou en train de rêver. Mais à présent, je n'avais plus aucun doute sur ce point, car celui qui se trouvait sous ce couvercle luttait furieusement pour se dégager et aurait rompu les cordons en une minute si le médecin ne les avait pas coupés.

Deux coups de lancette coupèrent la grosse corde avec laquelle mon « paquet » avait été attaché, et un troisième coupa le bout de ficelle qui attachait le moraillon à la vannerie. J'ai reculé instinctivement tandis que le monsieur soulevait le couvercle, et, pour être honnête, lui aussi - la même pensée, j'en suis sûr, étant dans nos deux têtes et la conviction que nos propres vies pourraient être en danger. Quand la vérité fut révélée, mon premier réflexe fut de rire aux éclats, le second de partir sans perdre un instant dans ma voiture et d'essayer de mettre par terre les deux méchants qui avaient fait cela.

En un mot, je puis vous dire que le panier contenait une jeune fille, apparemment âgée de quinze ans au plus ; qu'elle était vêtue de haillons, bien qu'apparemment une dame de condition, et que lorsque nous l'avons retirée, il est apparu que sa raison avait disparu et que sa jeune vie pourrait bientôt la suivre.

J'ai traversé des moments étranges dans ma vie ; j'ai eu beaucoup de regards sur l'autre monde, pour ainsi dire ; J'ai vu des hommes mourir vite et lentement - mais par véritable étonnement et pitié, je n'améliorerai jamais cette scène de Boundary Road, à St. John's Wood, si je vis aussi longtemps que les patriarches.

Imaginez simplement la salle bien éclairée et le panier ouvert, et cette jolie petite chose aux cheveux jaunes flottant sur ses épaules et ses bras nus tendus comme pour nous supplier envers le médecin et moi, et de tels cris sur ses lèvres comme si nous, et non les hommes qui l'avaient envoyée ici étaient ses meurtriers potentiels. Je vous dis que j'aurais vendu ma maison pour la sauver, et ce n'est pas un vain mot. Malheureusement, je ne pouvais rien faire, et ce que j'aurais fait, la police me l'a interdit, car ils étaient trois dans la pièce avant que cinq minutes ne se soient écoulées ; et on me pardonnerait peut-être de dire que la moitié des forces locales étaient présentes en une demi-heure.

Eh bien, vous savez ce qu'est un policier quand quelque chose d'important survient ; comment il y a un très beau carnet d'environ deux pieds de long à produire, et peut-être une goutte de whisky et de soda pour aiguiser son crayon, et puis les questions et les réponses et ainsi de suite - tout le temps que le voleur court à toute vitesse dans la rue. dans une petite rue et la montre en or dépasse de sa botte.

J'ai répondu à peut-être cent cinquante questions ce soir-là, et personne n'en savait rien. Des notes ont été prises sur tout : l'heure de mon départ, le lieu de naissance de mon père, le montant qu'ils m'ont payé pour le travail, l'adresse du garage, le prénom et le prénom d'Abraham Moss - si mon permis avait été endossé ou conservé. c'était propre - jusqu'à ce qu'enfin, n'y tenant plus, j'ai dit clairement à l'inspecteur que ce n'était pas Colney Hatch, et plus tôt il l'aurait compris, mieux ce serait.

"Voici ma voiture et voilà la rue", dis-je ; "Voulez-vous vous rendre à Richmond Road et voir la maison par vous-même ou non ? Je vous dis qu'il y en avait deux, et l'un d'entre eux est peut-être là maintenant. Vous pouvez le prouver par vous-même ou laisser tomber, comme vous le souhaitez. Mais ne dis pas qu'on n'en a pas parlé, sinon je saurai te contredire.

Il s'est effondré et a consenti à m'accompagner. Nous étions de retour sur Richmond Road au bout d'un quart d'heure et frappions à la porte de la maison où j'avais récupéré le panier environ deux minutes plus tard. Une très vieille femme s'ouvrit cette fois-ci et nous répondit très poliment que les deux étranges messieurs étaient partis pour le continent par le train du soir, et qu'elle ne savait pas s'ils reviendraient ou non. Ils l'avaient toujours payée régulièrement, disait-elle, mais pas souvent à la maison ; quant à leur chambre, nous pourrions l'examiner avec plaisir. L'aveu le plus étonnant vint ensuite, car lorsqu'on la pressa de nous dire quelque chose sur la jeune dame, elle déclara catégoriquement qu'elle n'en avait jamais vu, et que MM. Picton - car c'est ainsi qu'elle appelait ses locataires - n'avaient aucune compagnie féminine. et ils avaient très rarement invité ne serait-ce qu'un gentleman à leur chambre.

L'inspecteur a écouté tout ce qu'elle avait à dire et a ensuite procédé à une fouille formelle de la maison. Ce serait une perte de temps d'insister sur le fait qu'il n'a rien trouvé, pas même un bout de papier ou une boîte à collier vide pour l'éclairer ; mais il donna l'ordre strict que personne ne devait entrer dans les toilettes sous quelque prétexte que ce soit ; et après l'avoir verrouillé et mis la clé dans sa poche, il m'a fait le reconduire à Boundary Road puis à l'hôpital de Hampstead, où la petite fille avait été transportée et où elle gisait alors. Naturellement, j'étais *invité* aussi bien que lui, car il y avait à ce moment-là trois ou quatre hommes fanfarons de Scotland Yard sur le tapis, et tous très impatients de faire ma connaissance. J'en ai appris que l'enfant était toujours incohérente dans son discours et totalement incapable de se rappeler qui elle était ni d'où elle venait. La peur avait paralysé ses facultés. Elle était peut-être née hier, d'après ce qu'elle en savait.

Pour ma part, j'avais une forte envie de parler moi-même à la jeune fille et de lui poser quelques questions qui me sont venues en tête pendant que nous attendions ; mais la police ne voulait rien de tout cela, et tout ce qu'elle me permettait de faire était de la regarder du fond de la salle, ce que je fis longtemps, en observant son visage de très près et en me demandant à quel point il était beau. était.

finalement renvoyé, je suis retourné au garage à l'Ouest, et donc dans mon lit, mais pas pour dormir. Il devait être trois heures du matin à cette heure-là, et je restai allongé jusqu'à ce que j'entende sept heures bruyantes d'horloge d'église, lorsque je décidai de m'arrêter là, non plus en me débattant, mais en me levant et en lisant les journaux du matin. Rares étaient cependant ceux qui contenaient plus qu'un bref paragraphe annonçant le fait, et il fallut attendre les « soirées » pour découvrir la véritable sensation. Ma parole, comme ils l'ont mis en place – et quel héros ils ont fait de moi. J'ai dû être interviewé une douzaine de fois ce jour-là, et lorsque les journaux du lendemain matin parurent, je lis pour la première fois qu'une récompense de cinq cents livres avait été offerte pour la capture des auteurs de cet attentat, et qu'elle serait payé par le rédacteur en chef du *Daily Herald* le jour où le mystère a été résolu.

Bien entendu, il existait de nombreuses théories. Certains pensaient qu'il s'agissait d'un enlèvement pur et simple, d'autres d'une vengeance ; quelques-uns recommandèrent aux médecins de suivre l'indice du poison et de vérifier si l'enfant avait été droguée avant d'être mise dans le panier.

Pour ma part, j'avais une idée en tête, dont je n'avais même pas parlé à Betsy Chambers, qu'il me fallait voir assez souvent à cette époque, et généralement le soir. Cette idée, je suppose, aurait fait rire les braves de Scotland Yard ; mais je n'avais aucune envie d'en partager cinq cents avec eux – d'autant plus qu'ils m'en avaient retiré sept quinze lors des dernières petites sessions de Kingston – alors j'ai simplement gardé le silence dans ma tête et n'en ai parlé à personne. C'était peut-être dommage que je ne l'aie pas fait ; Je ne peux pas vous en dire plus que les dix jours suivants m'ont vu me promener dans Soho comme si j'avais envie d'acheter le quartier , et que le onzième jour précisément, j'ai trouvé ce que je voulais, je l'ai trouvé par ce que je voulais. J'aurais pu appeler un tournant de la Providence si je ne savais pas maintenant que c'était quelque chose de très différent.

Je dois vous rappeler ici que l'affaire faisait toujours fureur dans la ville, même si l'espoir de traduire en justice les assassins potentiels avait presque été abandonné.

La petite fille commençait maintenant à se souvenir vaguement de son passé et avait dit à la police qu'elle vivait dans un pays étranger au bord de la mer, ce qui n'était pas la même chose que de dire Southend -on-the-Mud de loin. . Elle se souvenait très bien de son père et le réclamait très souvent dans son sommeil. Elle ne semblait pas penser qu'elle avait une mère, et de ce qui s'était passé à Richmond Road, son esprit ne se souvenait de rien. Je l'avais vue deux fois ; mais elle avait tellement peur quand je m'approchais d'elle que la police m'a interdit d'y aller - et je crois, sur ma parole solennelle, que sans les témoins , ils auraient dit que j'avais quelque chose à voir avec le travail moi-même.

Ceci, bien sûr, ne m'a pas du tout dérangé. Ce que je pensais, c'était les cinq cents livres sterling offertes par le *Daily Herald* pour résoudre le mystère ; et cette somme, je n'ai perdu de vue ni la nuit ni le jour. Pour le gagner, je dois découvrir le Yankee à la voix de scierie, et la petite crique aux yeux de soucoupe, et pour ceux-là, par un instinct dont je peux difficilement m'expliquer même à moi-même (sauf pour dire qu'il était lié à trois jours que j'ai passés à Paris il y a huit mois), j'ai chassé Soho pendant onze jours comme d'autres hommes chassent le gros gibier en Afrique. Et, le croirez-vous, quand j'en ai enfin découvert un, ce n'était pas par mes yeux, mais par les siens, car il m'a repéré tout en haut de Wardour Street, et, traversant la route, il m'a giflé. l'épaule, comme si j'avais été son seul frère lâché dans le monde spécialement pour lui serrer la main.

"Eh bien," dit-il, "je suppose que c'est le cocher."

« Le cocher soit foutu , dis-je ; " Pentonville ne vous a-t-il pas appris de meilleures manières que cela ? Soyez prudent, lui dis-je, sinon ils annuleront votre billet de congé... "

Il ne fallait pas l'offenser, car il continuait à me traiter comme s'il m'aimait et que la vie était une misère depuis que nous nous sommes perdus.

« Dis, » s'écria-t-il, « tu as bien fini avec le panier. Eh bien, regarde ici, maintenant ; veux-tu avoir ces cinq cents, Britten, ou pas ? Je jouerai l'Homme Blanc avec toi... tu veux l'avoir ?"

"Oh, m'écriai-je, s'il s'agit d'en mettre cinq cents au vestiaire parce qu'il n'y a pas d'étiquette dessus..."

"Alors viens," répondit-il, et, me prenant par le bras, il me conduisit le long de la rue, tourna brusquement à droite dans un endroit qui ressemblait à une remise désaffectée; et avant que je puisse cligner des yeux, il m'a traîné à travers une porte dans une pièce au-delà, puis a éclaté de rire, prêt à se séparer.

"Britten", dit-il, "tu es assez déprimé. J'ai la main sur toi, Britten. Ne perçois-tu pas la même chose ?"

Eh bien, de tous les imbéciles ! Ma tête tournait à cette pensée ; pas au début la pensée de la peur, remarquez, bien que la peur ait suivi assez juste, mais juste avec l'ironie de tout cela, et la pure folie qui m'a envoyé dans ce piège comme une mouche dans une toile d'araignée. Et cet homme me sucerait à sec ; Je n'en doutais pas ; un mot pourrait me coûter la vie.

"Eh bien," répondis-je, sachant que ma sécurité dépendait de mon esprit, "et si c'était le cas ? Pensez-vous que je suis venu ici sans faire savoir à l'inspecteur Melton où je venais ? Vous feriez mieux d'y réfléchir, mon vieux. Il peut y en avoir deux dans le coin et tous deux du mauvais côté. Ne vous y trompez pas.

Il rit très doucement, et comme pour donner du sens à ses paroles, il ouvrit les volets de la seule fenêtre que possédait ce misérable repaire. Nous étions maintenant dans une sorte de crépuscule, dans une baraque misérablement meublée, avec les papiers des murs qui se décollaient, la grille du feu toute rouillée et les planches mêmes cassées sous nos pieds. Et je croyais qu'il avait un pistolet dans sa poche et qu'il s'en servirait si je levais la main.

"Oh", dit-il tout à coup, et d'un ton moqueur qui coulait dans mon dos comme l'eau froide d'un bec. "Oh, tu es un garçon courageux, Britten, et quand tu parles des tecs, je t'aime bien. Maintenant, vois ici, ai-je essayé d'assassiner cette fille ou non ? Question juste et réponse juste. Suis-je l'homme que la police recherche, ou est-ce un autre ?"

Je lui ai répondu sans détour.

" Vous êtes tous les deux dedans. Vous le savez bien, et la récompense est de cinq cents, sans parler de ce que propose la police. "

"Tu veux avoir cette récompense, Britten."

"Si je peux l'obtenir équitablement, oui."

« Autant dire que tu vas sortir d'ici et m'abandonner ?

"À moins que tu puisses me dire que tu ne l'as pas fait."

Il se retourna sur ses talons et me regarda aussi sauvage qu'un diable sorti de l'enfer.

"Je l'ai fait, Britten. Barney, mon compagnon, n'a rien à voir avec ça. Ne l'as-tu pas vu transpirer la nuit où tu es venu nous chercher ? Barney est un pied tendre à ce jeu ; il ne fera jamais bonne figure." le "Calendrier", eh bien, pas s'il vit pour être un chimpanzé dans la ménagerie humaine. Barney devrait pérorer dans le tabernacle au coin. Lui le fait - eh bien, il ne pourrait pas tuer un veau.

Eh bien, je pense que je me suis assis et que j'ai frémi à cela ; Quoi qu'il en soit, un terrible sentiment d'horreur m'envahit, à la fois aux paroles de cet homme et à la pensée de ma situation de solitude et de ce qui allait suivre. Tous les calculs semblaient contre moi. Je suis un homme fort, et j'aurais tenu tête à ce Yankee, poing contre poing, pour n'importe quelle somme que vous voudriez nommer ; mais le pistolet dans sa poche et la certitude qu'il s'en servirait en cas de provocation me retinrent à mon siège comme si j'y étais collé. Et ainsi pendant cinq minutes entières, une éternité pour moi, je l'ai regardé arpenter la pièce, me réjouissant de son horrible travail et me demandant quand mon tour viendrait.

« Britten », dit-il aussitôt – et sa voix avait changé, pensai-je – « Britten, tu veux un whisky et un soda ?

"Si ce n'est que du whisky et du soda———"

"Quoi ! Tu penses que je vais le soigner – comme je l'ai fait pour Mabel ?"

"Je ne sais pas à quoi vous faites référence, mais quelque chose de ce genre était dans ma tête."

Cela l'amusait fort – et je dois répéter que son attitude était toujours celle d'un homme qui pouvait difficilement s'empêcher de rire quoi qu'il fasse, de sorte que j'en suis venu à penser qu'il devait être un peu loin d'être un maniaque délirant, et que peut-être le Le tribunal le trouverait tel.

« Oh, » dit-il, « n'ayez crainte, Britten, je ne vous traiterai pas de cette façon ; vous pouvez très bien boire mon whisky, un baril si vous le pouvez. Quand je veux avoir affaire à vous, Britten, c'est ce sera une toute autre solution : du liquide, mon garçon ; avez-vous des objections à un peu de liquide ?

J'ouvris grand les yeux, me disant, pour la seconde fois, qu'il était aussi certainement fou que n'importe quel lièvre de mars dans les livres d'images ; mais je ne dis rien, car il s'était tourné vers une petite armoire en bois près de la cheminée, et avant de reprendre la parole, il posa une bouteille de whisky, un siphon et deux verres sur la table, et se versa une dose raide pour lui-même et ses boissons. camarade pour moi. Quand je l'avais vu le boire, et pas avant, j'ai emboîté le pas, et jamais un homme n'a eu autant envie d'un whisky et d'un soda.

« Votre santé », dit-il ; je crois que je lui souhaitais la même chose. "Et la petite Mabel Bellamy——"

Je pose le verre sur la table avec fracas.

"Bon dieu!" dis-je, ce n'est pas Mabel Bellamy qui a fait le tour de la disparition aux Folies Bergères à Paris il y a deux ans ?

"La même chose", dit-il.

"Et tu me dis——"

"Qu'elle était une très bonne actrice. Le niez-vous, M. Britten ?"

Je me levai et boutonnai mon manteau, mais son regard noir était de nouveau visible.

« Britten, » dit-il, « pas si pressé, s'il vous plaît. Je vais au *Daily Herald* cet après-midi pour récupérer ces cinq cents. Vous resterez ici jusqu'à mon retour; quand je vous paierai cinquante. des meilleurs. Est-ce une bonne affaire, Britten : avons-nous droit à l' argent ou vous ? »

J'y ai réfléchi un moment et je ne pouvais pas en nier la justice.

"Voulez-vous dire que vous l'avez fait pour une publicité ?" J'ai pleuré.

"C'est pareil", dit-il, "et cette nuit, le papa bien-aimé de Mabel, le gentleman aux grands yeux, Britten, ira à Hampstead et prendra dans son sein sa fille perdue depuis longtemps. Elle fait sa première apparition au Casino. Théâtre demain soir, Britten… »

Je me levai et lui serrai la main.

"Cinquante des meilleurs", dis-je, "et je les attendrai ici."

Eh bien, je dois dire que c'était une bonne idée, d'abord qu'ils fassent un tour comme celui-là au public juste pour faire savoir au monde entier que Mabel Bellamy allait disparaître d'un panier au Théâtre du Casino. ; et deuxièmement, en passant par le *Daily Herald* pour obtenir cinq cents des meilleurs – et en les obtenant également avant que l'histoire ne se répande.

Vous voyez, le *Herald* n'a pas perdu d'argent, car ils avaient un beau scoop pour eux seuls, pendant que les autres journaux grinçaient des dents et regardaient. Et toute la vérité n'a pas non plus été révélée par un long chemin, mais une version déformée de Coves étrangers qui exploitaient

l'entreprise et s'est enfuie, et d'un père adoré qui n'a jamais consenti à cela -
et un tel haschich et un tel tour de passe-passe qui aurait fait une histoire. rire
de cochon.

Cependant, il ne m'appartient pas de dire si le public a vraiment tout
accepté ou s'il a été mécontent de la manière dont la pièce a été jouée.

Le sentiment est, après tout, une très belle chose, comme je l'ai dit à
Betsy Chambers le soir où je lui ai donné la broche en forme d'ancre et lui ai
demandé de la porter pendant un certain temps, sans parler du bon moment
que nous avons passé lorsque je l'ai emmenée à Maidenhead. dans la voiture
du vieux Moss et j'ai fait semblant d'être en panne à Reading avec une batterie
rechargeable. Bien sûr, Moss est intervenu avec une interview. Je me
demande que la vue de sa vieille tasse laide n'a pas ratatiné le papier sur lequel
elle était imprimée.

Quoi qu'il en soit, moi et Betsy — mais c'est une autre histoire, et alors,
peut-être, je ferais mieux de conclure.

LA COMTESSE

Pour commencer, je suppose, il vaudrait mieux vous dire son nom, mais je ne l'ai vu qu'une fois dans le carnet d'adresses de l'hôtel Ritz à Paris, et puis je n'aurais pas pu l'écrire moi-même - non , pas si un homme m'avait offert cinq des meilleurs pour ce faire.

Voyez-vous, elle a fait croire qu'elle venait de l'étranger, et son mari, quand elle s'est souvenue qu'elle en avait un, était censé être un grand hongrois avec un nom digne de casser des noix et une moustache comme des cornes d'antilope. posée sur une grille de feu pour parler de ses ancêtres. Si on m'avait proposé deux suppositions, j'aurais dit qu'elle venait de New York et qu'elle s'appelait Mary. Mais qui suis-je pour contredire une jolie femme en difficulté, et qu'avait Marie-Louise-Thérèse et tout le reste, comme elle l'a consigné dans le livre d'or de l'hôtel ?

J'étais allé à Paris pour un travail avec une grosse voiture française, et j'y ai travaillé un moment pour James D. Higgs, le fabricant américain de fer blanc, qui faisait briller les choses à l'hôtel Ritz, et j'avais presque une Panhard. assez grand pour emmener le chœur à Armenonville , ce qu'il fit par sections, sans montrer de crainte ni de faveur , et étant merveilleusement domestiqué dans ses goûts.

Lorsque James fut submergé par les émotions domestiques et pensa qu'il retournerait à Pittsburg auprès de sa femme et de ses enfants en deuil, il me remit à la comtesse, me disant qu'elle était une de ses amies particulières et que si ses ancêtres ne naviguaient pas avec le Conquérant, c'était sans doute parce qu'ils avaient rendez-vous au Moulin Rouge et qu'ils étaient trop gentlemen pour le rompre — ce qui était sa manière de me faire un clin d'œil ; et "Britten, mon garçon", dit-il, "garde-la à l'écart des ennuis, car tu es tout ce qu'elle a dans ce monde méchant."

Eh bien, ce fut une révélation, je dois dire ; car je ne l'avais pas vue depuis plus de deux minutes ensemble, et lorsque nous nous sommes rencontrés, je l'ai trouvée n'être qu'un joyeux petit châssis américain, mince et bien fait, et aussi plein d'entrain qu'une écolière sur un rond-point. Son idée, m'a-t-elle dit, était de conduire une voiture Delahaye qu'elle avait louée, de Paris à Monte-Carlo, et d'y rencontrer son mari au nom époustouflant ; qu'elle, m'assura-t-elle, avec le regard d'un ange sur le tableau bleu, qu'elle n'avait pas vu depuis plus de deux ans.

"Deux ans, Britten, bien sûr. Maintenant, qu'en penses-tu ?"

« Cela dépendra de votre mari, madame, lui dis-je ; sur quoi elle rit si fort qu'ils durent l'entendre dans le jardin en contrebas.

" Eh bien, bien sûr, " dit-elle, " vous y arrivez pour la première fois. Cela dépend du mari, et le mien est la créature la plus gentille, la plus douce et la plus stupide qui ait jamais existé dans ce monde. Ainsi, voyez-vous, Je suis déterminé à ne plus être éloigné de lui. »

« Alors, madame, dis-je, nous ferions mieux de commencer tout de suite.

Je crus qu'elle hésitait, qu'elle aurait juré qu'elle allait m'admettre davantage dans sa confiance ; mais je suppose qu'elle considérait le moment inopportun ; et après m'avoir posé quelques questions sur la voiture, si je connaissais la route et si je conduisais prudemment, elle m'a donné pour instructions d'être à l'hôtel le lendemain matin à neuf heures. Alors je suis parti, me disant que le monde était un drôle d'endroit, et me demandant ce que Herr Joseph, le casse-gueule, aurait à dire à sa bonne dame quand elle se présenterait à Montey et poserait son nouveau chapeau de ruche sur son adorable. sein.

Cela ne me regardait pas. Je suis automobiliste et deux livres dix le samedi sont mon anxiété constante. Donnez-moi mon salaire régulier et la classe de passager qui prend la main du conducteur à la fin du voyage, et je ne demanderai plus rien à la Providence. Ainsi , le lendemain matin, à neuf heures précises, j'ai conduit le gros Delahaye jusqu'au Ritz, et à une heure et quart, Madame était à bord et nous faisions route vers Dijon et la côte.

Aucun automobiliste connaissant un peu le jeu ne me demandera de décrire ce voyage, ni de lui dire exactement où il doit s'arrêter à cause des morts d' il y a cinq cents ans, ou où il doit se précipiter à cause du bétail de là-bas. jour. J'avais une belle voiture sous moi, une jolie femme au tonneau, un 1er mai pour me donner la vie, et une route si belle qu'un homme pourrait en rêver dans son sommeil. Et si ce n'est pas ce que le maître d'école appelle Eldorado, alors je lui enverrai une carte d'un demi-penny pour savoir ce que c'est.

Qu'il suffise donc de dire que nous y sommes allés à loisir : nous avons dormi à Dijon et à Lyon, nous avons passé une nuit à Avignon et deux nuits plus tard à Nice. S'il y avait quelque chose à remarquer pendant le voyage, c'était l'inquiétude croissante de Madame à mesure que nous approchions de la Méditerranée, et le nombre de télégrammes qu'elle envoyait à ses amis chaque fois que nous avions l'occasion de nous arrêter, même dans les villages les plus modestes.

Les télégrammes que j'ai eu le plaisir de lire plus d'une fois en les remettant au comptoir ; mais ceux qui étaient en allemand ne me servaient à rien, et ceux qui étaient en français je ne pouvais les déchiffrer qu'à moitié. J'avais néanmoins l'impression qu'elle était dans un état de grande détresse et de perplexité, et que tous ses messages n'avaient qu'un seul but, à savoir qu'elle aurait le droit d'aller dans un endroit qui lui est actuellement interdit, et que le baron Albert, quel qu'il soit, devrait être interrogé en son nom et persuadé qu'elle était une dame de toutes les vertus.

Un dernier télégramme adressé à un gentleman anglais à Vienne couronne le tout et ne doit pas être mal compris. Il disait simplement : « Je publierai l'histoire s'ils persévèrent. » Et cela me paraissait une vilaine menace venant d'une si jolie envoyeuse, même si je n'en connaissais pas plus la signification que les morts.

Peut-être direz-vous que j'étais un pauvre genre pour lire ses télégrammes ; que cela ne me concernait pas ; et que j'étais payé pour tenir ma langue. Eh bien, c'est vrai, et Madame n'avait pas grand-chose à se plaindre sur ce point, je dois le dire. A tous ceux qui m'interrogeaient dans les hôtels, je disais simplement qu'elle était la femme d'un noble hongrois et qu'elle voyageait pour son plaisir. Quand nous sommes arrivés à Nice, et qu'un policier impertinent m'a pour ainsi dire coincé dans un coin et a essayé de me faire faire le catéchisme, j'ai simplement dit : « Pas de porte-parole . Frenchee — Mistress Americano, » et là-dessus il secoua la tête et l'écrivit dans un carnet aussi gros qu'un grand livre d'épicier. Mais je compris clairement que quelque chose de plus que la simple curiosité policière expliquait tout ce contre-interrogatoire ; Lorsque Madame me fit chercher ce soir-là dans son salon particulier, je devinai aussitôt qu'il se passait quelque chose et que j'allais en connaître la nature.

Je me souviendrai toujours de cette occasion, d'une nuit d'été australe aussi belle qu'un homme puisse vivre. Calme et étoilée, la mer sans ondulation ; les navires ressemblent à des formes noires sur un ciel azur ; les lumières des maisons brillant sur les jardins éclairés par la lune ; la musique des groupes ; les paroles gaies des gens joyeux — oh, qui irait vers le nord, ho ! si la Providence le déposait dans un endroit comme celui-ci ? Et sur tout cela se trouvait l'image de Madame elle-même, de cette dame aux yeux de gazelle et à la peau blanche comme du lait, tandis qu'elle m'invitait dans son salon et me demandait de m'asseoir pendant qu'elle parlait.

Vous n'auriez pas pu l'égaler en beauté à Nice ; Je doute que vous auriez pu le faire plus près de Paris et du Ritz. Vêtue de beaucoup d'étoffes duveteuses, avec une jupe en satin rose, les bras nus jusqu'aux épaules et une chaîne de diamants autour du cou - habillée ainsi, et si douce et gracieuse dans ses manières, me parlant comme si elle l'avait fait. Je me connaissais depuis mon enfance et me demandais, Lal Britten, de l'aider - eh bien, vous pariez que j'ai dit "Oui", et je l'ai dit si clairement que même elle ne pouvait pas me tromper.

« Eh bien, Britten, dit-elle, savez-vous ce qui s'est passé aujourd'hui ?

"Je ne pourrais pas le deviner si j'essayais, madame", dis-je.

"Eh bien, je dois vous le dire : ils ne me laisseront pas aller à Monte-Carlo, Britten. Ils disent que l' Empereur l'interdit."

"Mais, madame, est-il nécessaire de demander la permission au vieux monsieur ? N'êtes-vous pas citoyenne américaine ?"

Elle a ri de mon idée et m'a demandé si je voudrais un verre de porto, ce que j'ai fait pour l'obliger ; tandis qu'elle en prenait un autre comme si elle l'aimait, ce que je n'ai aucune raison de supposer qu'elle ne l'aimait pas.

« Vous voyez, Britten, dit-elle tout à coup, une femme est de la nationalité de son mari, et donc, bien sûr, je suis hongroise. C'est pourquoi l' empereur a le pouvoir de dire que je ne dois pas être admis à Monte-Carlo. Carlo, juste au moment où mon cher mari m'y attend. Maintenant, ne penses-tu pas que c'est très dur pour nous deux ?

"C'est très dur pour lui, madame, de vous voir dans cette affaire. J'aimerais le connaître avant de vous dire la même chose, en vous demandant pardon pour la liberté."

Elle n'y prêta pas attention, mais levant les yeux au ciel, et à ce jeu Miss Sarah Bernhardt de Paris ne put la battre, elle s'écria :

"Oh, mon pauvre Joseph, que pensera-t-il de moi ? Je n'ose pas l'envisager, Britten, je n'ose vraiment pas."

"Alors je devrais laisser tomber, madame. N'y a-t-il aucun moyen de faire modifier cette décision ?"

"Aucun auquel je puisse penser, à moins que..."

"A moins que quoi, madame ?"

Elle a tapoté la table avec ses jolis doigts et m'a servi un deuxième verre de porto.

« À moins que la montagne vienne à Mahomet… mais je suppose que tu ne sais pas ce que cela signifie, Britten, n'est-ce pas ?

Elle pinça les lèvres jusqu'au point de m'embrasser et me regarda si tendrement que je commençai à me sentir nerveux - sur ma parole, je le fis.

"Voulez-vous dire que votre mari doit venir ici, madame ?"

" Bien sûr que je le pense, Britten. Vous devez le récupérer... par un truc. Maintenant, ce ne serait pas magnifique... disons, n'est-ce pas bien ? Si nous pouvions les déjouer... si nous pouvions faire passer l' Empereur idiot !
"

Je me suis frotté le menton et j'y ai réfléchi. Il n'y a pas beaucoup de pudeur dans mon métier, mais l'idée de se mesurer à un policier aussi loin de chez moi m'a freiné d'une manière ou d'une autre, et je me suis retrouvé à raté comme une heure du matin malgré ses jolis yeux et ses yeux rouges. lèvres, et son regard "prends-moi dans tes bras et embrasse-moi". Le lot de Croydon est déjà assez mauvais, mais quant aux becs de Montey , eh bien, j'en ai entendu des histoires et j'en ai beaucoup.

« Ce serait bien, madame, si nous pouvions le faire », dis-je enfin ; "Mais entre en parler ici, dans cet hôtel, et traverser la frontière..."

"Oh," s'écria-t-elle en m'interrompant presque avec colère - et elle a un caractère diabolique - "oh, il n'y a aucune difficulté, Britten. Conduis simplement à l'Ermitage après que mon mari ait dîné demain soir, et dis que s'il veut des nouvelles de Madame Clara, tu peux l'emmener là où il les aura. Ne vois-tu pas, Clara est un de mes prénoms préférés. Il comprendra dans un instant, et tu pourras le conduire jusqu'à cet hôtel. Etes-vous tu as peur de faire ça, Britten ?

Bien sûr , je n'avais pas peur et elle le savait. De toute façon, cela ne représentait rien pour moi, et je pouvais toujours prétendre que j'étais son serviteur et un Anglais, et que je m'en foutais de cet empereur en particulier ou de tout autre. Néanmoins, si elle ne m'avait pas souri comme elle l'a fait à ce moment précis – souri comme un imbécile en avril et serré ma main aussi douce que des roses de juin, ce qui semblait avoir été fait par accident. , je l'aurais peut-être laissé tranquille, après tout. En fait, j'étais parti le lendemain soir à sept heures, et à neuf heures et quart, je demandais à l'Ermitage le comte Joseph, aussi plein d'histoires que j'avais à raconter qu'un livre d'histoire de rois.

maître d'hôtel noir et blanc , ceinturé d'or , répondit à cela, et après avoir parlé à une demi-douzaine de serveurs et envoyé chercher un autre gars avec un plastron de chemise comme un bonnet Mercedes, ils me dirigèrent vers un petit hôtel à côté. Monaco; Et là, le maître d'hôtel me reçut tout à fait affablement et me dit : « Certainement, le monsieur était chez lui. Quand j'eus donné mon nom, mais pas mes affaires, on me conduisit, peut-être après dix minutes d'intervalle, dans un salon du premier étage, et là je me trouvai face à face avec un gros visage rouge. homme en robe de soirée ; et si jamais il y avait un martinet du côté de Montey , ce brave gentleman était bien celui-là. Il était gros, dis-je, et il avait quarante ans – mais écrire qu'il était blond serait impossible, car il n'avait pas plus d'une demi-douzaine de cheveux sur la tête, et ceux-ci étaient tombés le long de son cou pour se protéger du vent. . Quand je suis entré , il avait l'air de siroter du Cognac dans une longue bouteille verte et de lire des journaux privés aussi vite qu'il pouvait les lire, mais il a immédiatement levé les yeux, et une paire d'yeux plus méchants que je ne veux pas. voir.

"Qui t'a envoyé ici ?" Il a demandé.

"Une dame", dis-je.

"Son nom?"

"Madame Clara."

Il se retourna et souffla la mèche d'une bougie posée sur la table à côté de lui. À en juger par son attitude, je ne le trouvais pas tout à fait sobre, mais il parut peu à peu se ressaisir, puis il s'écria :

"Répétez votre message."

"Je dois dire que si vous désirez des nouvelles de Madame Clara, je peux vous conduire là où vous les obtiendrez."

Eh bien, je pensais qu'il souriait, même si je ne peux pas en être sûr. Bientôt, cependant, il se leva sans un mot et, entrant dans sa chambre, il apporta dans le salon un lourd manteau de fourrure et une casquette et me fit signe de l'aider à les enfiler. Quand cela fut fait, il ouvrit la porte et m'invita à le précéder dans le couloir.

« Je verrai la dame », dit-il, et c'est tout. Nous étions en voiture deux minutes après, direction Nice le « quatrième », et personne ne nous dérangeait ou ne faisait autre chose que jeter un coup d'œil à nos papiers en passant devant les gares. Jamais il n'y avait eu de travail plus léger ; jamais un homme n'avait aidé une femme aussi facilement.

J'ai pensé à tout cela, bien sûr, alors que nous approchions de Nice et que la fin de notre match semblait proche. Les vieilles femmes nous disent de ne pas compter nos poules avant qu'elles soient éclos, et c'est une chose que je n'ai pas l'habitude de faire ; mais plus j'y réfléchissais, plus j'étais content de moi-même, et plus j'étais étonné des goûts de la dame. Qu'une si jolie petite femme, une âme si gaie, une si bonne juge des hommes, car elle était juge, je le jure, qu'elle ait jamais été amoureuse de ce sac de saindoux que je conduisais à Nice, eh bien , cela m'a étonné au-delà de toute mesure ; bien qu'il n'aurait pas dû le faire, connaissant les femmes comme moi et voyant à quel point Father Time met ses doigts sales sur nos idoles et fait des banshees les meilleures d'entre elles.

Je dis que j'en ai été étonné, mais un tel sentiment a vite fait place à d'autres ; et lorsque j'amenais ma voiture en toute hâte jusqu'à la porte de l'hôtel et que le portier aux galons d'or aidait le gros vieux monsieur à sortir, la curiosité prit la place de l'émerveillement. J'étais aussi anxieux qu'une femme de chambre devant le trou de la serrure de savoir ce que Madame aurait à dire à ce mari de vingt pierres, et quels termes d'affection il choisirait pour sa réponse. Certes , si l'attente agréable doit être dénotée par des sourires, il n'a trouvé aucun défaut dans sa situation actuelle, car il a souri comme un gorille en descendant et, me faisant un signe de tête tout à fait affable, il a demandé :

"A quel étage loge Madame Clara, avez-vous dit ?"

"Le troisième étage, numéro 113."

" Ah, " dit-il en ajustant ses lunettes et en se retournant pour entrer, " c'est un numéro malchanceux, mon ami ", et sans ajouter un mot, il entra dans l'hôtel et m'y laissa.

Bien sûr, je ne m'attendais pas à ce qu'il me parle, je n'attendais pas un tuyau du propre mari de Madame, mais je m'attendais à une ou deux questions ; et quand il fut parti, le portier et moi nous arrêtâmes là pour bavarder un peu, car il était probable que l'on aurait encore besoin de la voiture cette nuit-là, et, pour être honnête, j'espérais plus qu'à moitié que Madame me ferait venir.

"Quoi de neuf?" demande le portier. Il passe pour un étranger, mais je sais qu'il est né juste à côté de Soho. "Quoi de neuf, mon pote ?"

"Eh bien," dis-je, "c'est exactement ce que j'aimerais savoir moi-même. Ne peux-tu pas dire à la femme de chambre du 113 de le découvrir ?"

« La servante est partie. Cette vieille crique est-elle autorisée ? »

"Tout est en ordre à Scotland Yard", dis-je. "Il a pris son permis de conduire et ses papiers sont passés. C'est le mari de ma demoiselle."

"Oh," remarqua-t-il d'une manière rêveuse, "lequel ?"

"Eh bien, le monsieur qui vient d'entrer."

"Pauvre âme!" dit-il d'une manière des plus agaçantes, "à quelle vitesse elle les perd . Je me demande qui paie pour les pierres tombales ?"

"Est-ce que tu la connais?" ai-je demandé, car ses paroles m'ont surpris.

Il secoua la tête, puis la gratta comme s'il essayait de réfléchir.

« La dernière fois, dit-il tout à coup, la première fois qu'elle en a laissé tomber un ou deux à Cannes, je pense... Mais, Seigneur, aime- moi, qu'est-ce que c'est ?

Il recula sur le trottoir et leva les yeux vers la fenêtre de la chambre 113. J'avais entendu le shindy aussi bien que lui - un cri régulier, comme si une femme était folle de colère, et là-dessus un fracas de verre et un silence. — pendant que le portier et moi, nous nous regardions.

"Votes pour les femmes!" dit-il tout à coup, et d'une manière si drôle que j'ai dû rire malgré moi ; mais avant que je puisse lui répondre, qu'en pensez-vous ? Eh bien, le vieux monsieur sort, aussi calme et souriant qu'il y a dix minutes.

"Vous me reconduisez à Monaco", commença-t-il. Je lui ai demandé par quels ordres ; mais à cela il ressemblait à un diable incarné et parlait si fort que j'en avais vraiment peur.

"Tu vas me reconduire à Monaco ou passer la nuit en prison !" il cria. "Maintenant, lequel préfères-tu ?"

"Oh," dis-je, "vous y entrez!" Et il est entré, car je suis Néerlandais, et je l'ai reconduit à l'hôtel de Monaco, ce qui était vers une heure du matin, et sans aucune erreur. Quand il sortit enfin, aucun bébé en robe n'aurait pu paraître plus innocent, et il me tendit simplement quelques louis, comme un père bénissant son fils unique.

"Tu conduis très bien, mon garçon. Où as-tu appris ?"

"Sur une bonne voiture, monsieur. Henri Fourtnier m'a appris le temps du deuxième Gordon Bennett. Mais je suppose que vous ne vous en souvenez pas."

" Je m'en souviens certainement . Feu le comte Zborowski était un de mes amis. Laissez-moi vous donner un petit conseil. Il vaut mieux conduire pour un gentleman que pour une dame. "

"Je vous demande pardon, monsieur?"

Mais il agita la main avec un grand geste, et criant : « Une belle arntarndure », ou quelque chose de ce genre, il disparut dans son hôtel et me laissa réfléchir à ce que j'aimais. Et j'ai beaucoup réfléchi en rentrant à Nice, je vous l'assure, pour un jeu de rami auquel je n'avais jamais participé, et c'est la vérité, sur ma parole et mon honneur .

Il faisait jour lorsque j'arrivai au garage, et hors de question bien sûr de penser à voir Madame. Pour ma part, j'étais trop fatigué pour lui demander si elle me voulait ou non ; et en montant dans ma chambre, j'ai dû dormir jusqu'à neuf heures sans lever la paupière. A cette heure-là, les bottes me réveillèrent en diable, me disant qu'il fallait que Madame me voie sans perdre un instant. Je me suis habillé quand même et je suis descendu vers elle. Pauvre petite femme, dans quel état elle était ! Je ne pense pas avoir jamais vu une image plus triste de toute ma vie.

Plus d'étoffes pelucheuses et de fin satin rose maintenant, mais une vieille robe de matinée défraîchie et ses cheveux n'importe comment sur ses épaules, et dans ses yeux l'air d'une femme qui a été pourchassée et qui ne sait pas où sur la terre de Dieu elle va trouver un habitation. Je l'ai vu deux fois dans ma vie, et je ne veux plus jamais le revoir, car quel homme de cœur souhaiterait le faire ?

"Britten", dit-elle, presque comme une actrice de théâtre sur la scène d'un théâtre, "Britten, tu sais ce qui s'est passé la nuit dernière ?"

"Eh bien," dis-je, "d'ailleurs beaucoup de choses se sont passées ; mais si vous parlez de monsieur, votre mari..."

« Mon mari ! » — il fallait l'entendre rire ; c'était exactement comme l'un des animaux du zoo : « mon mari ! Ce n'était pas mon mari ! C'était le baron Albert, l'homme que je redoute plus que quiconque au monde. Comment as-tu pu commettre une telle erreur, Britten ? ?"

J'ai secoué ma tête.

"Madame, dis-je, je suis vraiment désolé, mais j'ai pris la première qui est venue et j'ai répondu au nom. Ce doit être la faute du maître d'hôtel."

Elle serra les mains et commença à arpenter la pièce, folle de perplexité.

" Tout était prévu, Britten, tout était prévu. Ils savaient que je devais faire venir le comte Joseph, et ce scélérat est venu de Vienne pour me contrecarrer. Il a dû soudoyer les domestiques de l'hôtel. Et maintenant, qu'en dites-vous ? " " Je dois être banni de France, il le jure. Ils ont écrit à Paris, et le décret peut tomber d'un moment à l'autre. Je dois être banni, Britten, chassé comme un vulgaire criminel ! Oh ! que dois-je faire ? " Mon Dieu, que dois-je faire ? »

C'était une question à laquelle je ne pouvais pas répondre, mais cela me semblait une mauvaise chose de traiter une femme de la sorte, et je n'avais pas honte de l'admettre.

"Y a-t-il une loi en France qui puisse vous expulser, madame ?" J'ai demandé. Elle a répondu assez rapidement.

" Certainement , Britten. Je sais tout. Ils peuvent me renvoyer avec un préavis de vingt-quatre heures."

"Pourquoi ne pas aller au consulat américain, madame ?"

"Oh, vous ne comprenez pas. Si mon mari n'était qu'ici ! Oh, ils ne m'insulteraient pas alors, même si vous étiez mon mari, Britten."

Sur ma vie et mon âme, je crois qu'elle le pensait vraiment. Il y avait un regard dans ses yeux alors qu'elle se tenait devant moi qui, à moins que je ne sois le plus grand imbécile de la chrétienté, me disait assez clairement ce qui se passait. Un mot, et j'aurais pu prendre cette belle dame dans mes bras. Je le jurerais.

Et qu'est-ce qui m'a interdit, demandez-vous ? Eh bien, peut-être avais-je entendu un bruit de verre la nuit dernière, et peut-être pas ; mais je crois que c'est la remarque stupide de ce portier à propos du « vote pour les femmes » qui m'a rebuté plus que toute autre chose. J'ai donc reculé d'un pas et lui ai répondu avec plus de respect que jamais.

"Je veillerai à ce que personne ne vous insulte tant que je serai votre servante, madame. Si je peux vous faire une suggestion, je vous conseillerais de quitter cette ville."

Elle m'a regardé pensivement.

"Et où dois-je aller, Britten ?"

« Retournez à Paris, madame, on ne vous dérangera pas là-bas. »

"Mais mon mari, mon cher mari ?"

J'ai haussé les épaules.

— Peut-être que Mahomet viendra chez vous , madame.

C'était à son tour de rire ; mais j'appris bientôt que ma suggestion ne lui était d'aucune utilité, et pour une raison très simple.

" Ah, " dit-elle, " les hommes sont d'étranges créatures, Britten. Quand nous le ferons, ils ne le feront pas ; et quand nous ne le ferons pas, eh bien, alors ils nous donnent des bijoux . Je ne peux pas retourner à Paris. Si je le fais, un policier m'accompagne."

" Emmenez-le sur la loge et appelez-le valet de pied... à moins que vous ne préfériez partir tout de suite pour Londres, madame. "

Elle a été catégorique à ce sujet.

"Je ne peux pas, Britten ! Je dois rester à Paris. C'est ma dernière chance de voir le comte Joseph avant son retour à Vienne pour l'été. Oh, n'y a-t-il aucun moyen ? Est-ce tout à fait impossible ?"

Je me suis gratté la tête. Quelque chose s'y trouvait depuis quelques minutes.

« Voudriez-vous vous asseoir sur la loge à côté de moi, madame ?

Elle était toute ouïe à ce sujet.

" Bien sûr que cela ne me dérangerait pas. N'ai-je pas moi-même conduit une voiture ? Le comte Mendez m'a appris à Cannes l'année dernière. "

"Pourriez-vous conduire cette voiture un peu sur la route de l'Italie ?"

"Eh bien, je le pourrais certainement. Mais en quoi cela nous aiderait-il ?"

« Supposons, dis-je, que mon vieux imperméable ne vous dérange pas, madame. J'ai ça, et une casquette en cuir que je garde pour le froid. Si vous les mettiez et vous asseyiez à côté de moi, je pense que nous pourrions le faire. Vous pouvez conduire si cela est nécessaire.

Elle a tapé dans ses mains si fort que j'ai cru qu'on nous entendrait sur la Promenade des Anglais en contrebas.

"Je le ferai, Britten – comme je suis une femme vivante, je le ferai. Va apporter tes vêtements. Nous n'aurons peut-être pas une heure à perdre. Je vais les tromper encore, Britten. Oh, espèce d'intelligent mec, tu es un homme intelligent pour y avoir pensé.

"Nous pourrions commencer au crépuscule, madame. Payez votre facture et annoncez que nous partons en Italie cet après-midi. Vous n'avez pas besoin de revenir. Je vous trouverai une chambre particulière à côté du garage, où vous pourrez changez, et nous pourrons partir comme deux chauffeurs sur le siège du box, et personne n'en saura rien. Quand vous arriverez à Paris , je pourrai vous conduire dans un petit hôtel... "

Elle était comme une enfant à ce sujet.

"Eh bien, de tous les hommes intelligents ! C'est vous qui veillerez sur moi à Paris. Je ne vous oublierai pas, Britten, et je suis assez riche pour tout... à présent. Vous resterez avec moi jusqu'à ce que le comte Joseph vienne...."

Je me suis dit que ce serait alors un engagement trop long ; mais il n'y eut aucun appel pour lui dire quoi que ce soit de ce genre, et m'arrêtant seulement pour répéter mes instructions, je fis le tour du garage et me préparai. Si Madame elle-même était excitée à l'idée de donner le coup d'envoi au gros homme, je ne l'étais pas moins ; et je vous assure qu'aucun jeu de garçon auquel j'ai joué ne m'excitait autant. Le meilleur de tout était l'idée que notre rapidité les préviendrait ; et si les autorités décidaient de l'expulser, nous serions en route pour Paris bien avant l'arrivée de l'édit.

Quant à ce qui pourrait arriver ensuite, j'étais indifférent ; car Paris est comme Londres pour un vrai conducteur d'automobile, et je suis tout aussi à l'aise aux Champs- Élysées que dans Regent Street. J'ai donc laissé cela au hasard et, me mettant au travail, j'ai fait préparer mes affaires et la voiture en moins d'une heure, et à quatre heures précises cet après-midi-là, j'ai récupéré Madame et ses malles à la porte de l'hôtel. et partit hardiment comme pour la conduire jusqu'à la frontière italienne. Mais j'ai fait demi-tour avant que nous ayons parcouru un kilomètre et, me dirigeant directement vers le petit hôtel italien voisin du garage, je l'ai fait entrer clandestinement sans que personne ne s'en rende compte, et je l'ai repartie tout aussi intelligemment juste après le crépuscule. Elle était alors habillée comme je vous l'ai dit : un imperméable jusqu'aux oreilles et une casquette plate en cuir qui convenait à merveille à son joli visage. Mais n'importe quel imbécile aurait pu voir qu'il s'agissait d'une femme à vingt mètres de là ; et j'ai commencé à demander qui était le plus idiot : moi pour avoir fait la suggestion, ou elle pour l'avoir acceptée ? Il était cependant trop tard pour y penser, et espérant que la chance pourrait nous tirer d'affaire, considérant peut-être que toute cette affaire touchait à sa fin – et que ce n'était pas une bonne fin –, j'ai lâché la voiture et je suis parti. direction Brignoles.

Je ne sais vraiment pas quelle appréhension du danger avait dans sa tête ou dans la mienne. Parfois, je pense qu'elle avait une idée stupide de ce que le préfet français avait pu lui faire, exagérant, comme le font les femmes, la situation réelle, et terriblement effrayée par les « étrangers ».

Pour ma part, je voulais la ramener à Paris malgré les tentatives de nous en empêcher ; peut-être avais-je envie de me venger de l'homme au visage rouge qui m'avait donné des ordres la nuit dernière ; mais quoi qu'il en soit, j'aurais pu rire aux éclats chaque fois que je regardais cet étrange petit paquet à mes côtés et que j'y pensais tel qu'il était la nuit dernière, tout habillé de plumes et bruissant comme les feuilles. Néanmoins, je n'en ai pas fait mention ; et, à sa grande surprise comme à la mienne, nous avons traversé Fréjus sans que personne ne nous arrête, et avons roulé toute la nuit sans autorisation ni entrave. Ce n'est qu'à l'aube que j'ai commencé à me poser quelques questions – et elles étaient embarrassantes. Qu'allais-je bien faire d'elle dans les villes ? Pourquoi n'y avais-je jamais pensé ? Elle portait mon long imperméable, bien sûr ; mais qui ne la reconnaîtrait pas , et à quoi ressemblerait la conversation ?

Une centaine de difficultés, auxquelles je n'avais pas eu l'intelligence de penser la nuit dernière, surgissaient sans cesse comme des nains dans un spectacle de marionnettes ; et, comme pour couronner le tout, à ce moment précis, le pneu arrière le plus proche s'est effondré , et nous étions là au bord de la route, à cinq heures du matin, dans un endroit aussi désolé qu'on voudrait trouver, et non pas le signe de maison ou de village partout où le regard peut se tourner.

Or, Madame dormait presque sur mon épaule lorsque cela s'est produit, mais elle s'est réveillée au bruit et a regardé tout autour d'elle comme si elle avait rêvé.

« Où sommes-nous, Britten ? elle a demandé. "Qu'est-ce qui nous est arrivé?"

— Pneu parti, madame. Il faut que je vous dérange pour descendre.

Elle s'est réveillée et est sortie immédiatement. Je voyais qu'elle était plus lucide que la nuit dernière, voire moins effrayée.

"C'était une chose très stupide à faire, Britten. Nous sommes sûrs d'être suivis."

"C'est bien vrai, madame. Je crains qu'il ne soit trop tard pour y penser maintenant. Mon affaire est de réparer ce pneu. "

"Est-ce que ça va te prendre beaucoup de temps, Britten ?"

"Trente minutes ordinaires. Mais c'est une couverture neuve et rigide, je dirai quarante."

"Alors je veillerai au petit-déjeuner. N'ai-je pas été malin d'y penser ? J'ai apporté un thermos et un panier. Nous prendrons le petit-déjeuner dans le petit bois à flanc de colline. Si personne ne nous suit , Je peux être à nouveau moi-même à Aix, et nous arriverons à Paris, après tout. Mais oh, Britten, je dois regarder un objet dans tes vêtements. Pourquoi m'as-tu jamais demandé de les porter ?

J'ai fait une réponse sèche. Un homme aux prises avec une couverture de 935 x 135 n'est pas vraiment d'humeur à complimenter une femme pour ses friperies ou à parler des montagnes. Et je ne suis qu'humain, tout compte fait, et la vue de la nourriture qu'elle a sortie du panier m'a presque désespéré. Je lui tournai donc le dos et elle partit dans le bosquet préparer le petit déjeuner comme elle l'avait promis. Moins de cinq minutes plus tard, j'entendis le bourdonnement d'une autre voiture au loin et, levant les yeux de mon volant, j'aperçus une grande Mercedes rouge qui descendait la colline comme un coureur à Brooklands .

Je savais que nous y allions; mon instinct me dit immédiatement que nous avions été suivis depuis Fréjus ou Nice, que le danger était à bord de cet avion et qu'il arriverait chez nous dans moins de deux minutes. Que faire, soit crier à Madame de courir se cacher, soit faire cela, soit continuer mon travail comme si de rien n'était, c'était un problème à rendre un homme à moitié idiot. Mais à la fin , j'ai tenu bon, et quand la grosse voiture s'est arrêtée à côté de moi, j'ai simplement levé les yeux et fait un signe de tête au conducteur comme pour lui signaler que tout allait bien.

"Bon jour", dit-il.

"Bonjour", dis-je.

" Vous êtes en panne, mon suis-je ?"

« Frappez-le du premier coup », dis-je — car ces mots sont compris par tout motoriste qui a été sur la Riviera — « dans la poêle et dans la graisse ensemble. Où allez-vous ?

"Brignoles et Paris. Plus où donc est- ce Madame ?"

J'ai levé les yeux, mon cœur battait vite, et j'ai jeté un coup d'œil dans son tonneau. L'homme au visage rouge était bien là, mais il dormait aussi profondément qu'un pasteur devant son verre de porto vide. Si je pouvais persuader ce bon Français de continuer son travail, nous étions à moitié tirés d'affaire, sûrs et certains. Mais pourrais-je ? Seigneur, comme mes mains ont tremblé quand j'ai répondu :

"Madame est allé dans le train—Parée—Calais— moi je suis seul " — ce qui était plutôt bien, pensais-je, même si ce n'était pas le moment de le dire.

Eh bien, cela semblait assez réussi. Le Français a jeté un coup d'œil à droite et à gauche, a ouvert l'accélérateur comme pour lâcher son embrayage et l'a refermé, a desserré son frein latéral, et puis, juste au moment où je m'apercevais que nous étions à travers, que penses-tu que cet imbécile fasse ? Eh bien, il se retourne délibérément et réveille le baron au visage rouge.

Ce qui s'est passé entre eux, je n'ai pas la prétention de le dire, car les Français allaient et venaient comme l'éclair entre les nuages d'été. Mais j'en suis certain : il n'y a jamais eu de sourire aussi diabolique que celui que le vieux baron m'a adressé en descendant du tonneau et en examinant rapidement la scène comme s'il était déjà sûr de sa proie.

" Ah, " s'écria-t-il, " voici de nouveau notre fidèle ami. Bonjour, M. Britten. J'espère que je vous vois bien ? "

« Vous me voyez à côté du diable », dis-je – car ici, à flanc de montagne, je m'en fichais complètement. Bluff, cependant, n'a servi à rien ce matin-là. J'avais rencontré mon partenaire et je le savais.

« Britten », dit-il en sortant un gros cigare d'un étui et en l'allumant avec une délibération provocante. « Devrions-nous conclure une trêve, Britten ? »

"Fais ce que tu veux", dis-je. "Il faut que cette voiture aille à Paris chercher ma maîtresse. Si une trêve le permet, j'en prends, ici même."

Il sourit à nouveau, mais si doucement que j'aurais pu le frapper.

« Où se cache-t-elle, Britten ? » demanda-t-il presque à voix basse. "Où cette très jolie dame a-t-elle choisi de cacher ses charmes ? Allons, dis-le-moi, mon garçon, et je te donnerai cinq louis. A quoi bon être si bête ?"

Je n'ai pas répondu un mot et il a de nouveau regardé les collines. Heureusement, s'il y avait un taillis, il y en avait vingt dans ce ravin, et quand je le vis s'éloigner vers le mauvais taillis, j'eus envie d'éclater de rire sur-le-champ. Cela, je suis heureux de le dire, je ne l'ai pas fait ; mais continuant tranquillement mon travail, j'avais bientôt la nouvelle couverture et j'étais prêt à commencer. À partir de ce moment, la situation comique – car c'était drôle, comme je le vis – commença sérieusement et dura tout au long d'une chaude journée d'été – jusqu'à ce que le crépuscule tombe, en fait, et que l'affaire soit définitivement réglée.

Ne pouvez-vous pas imaginer ce qui s'est passé et voir l'ironie de tout cela ? Représentez un grand gouffre ouvert entre les collines, des petits bosquets de pins partout et plus d'un fourré ; une route blanche serpentant à travers la vallée, et deux voitures bloquées sur cette même route.

Disons qu'il y avait un gros baron qui trottait de long en large comme un chien qui chasse des lapins ; abattre deux chauffeurs fatigués et affamés, affamés faute de viande et maudissant leur sort ; faites cela, et ajoutez qu'ils injuriaient indifféremment les deux sexes, et vous aurez le truc à tiquer. Mais je vous assure qu'il est plus agréable de lire que de souffrir ; et n'importe quel conducteur l'admettrait.

Bon Dieu, quelle journée ce fut ! Le gros baron, devrais-je vous le dire, ne renonça à la chasse que vers midi ; mais après avoir fouillé tous les fourrés dans un rayon d'un kilomètre ou plus, il est revenu vers nous et s'est délibérément installé à l'aise dans sa voiture. Quant à moi, je n'osais faire un pas dans un sens ou dans l'autre. Si j'avais continué, c'eût été laisser Madame dans les bois ; tandis que si je restais, il restait – et voilà. Et ce jeu a duré jusqu'au crépuscule, remarquez, et aurait duré plus longtemps sans l'instinct qui m'est venu tout à coup comme une pensée tombée du ciel : que Madame nous avait laissé tomber tous les deux, après tout, et qu'elle allait être déjà là où le baron Albert ne pouvait la trouver. Cette idée devenue une conviction inaltérable m'a finalement décidé. Je démarrai mon moteur, montai sur mon siège et, sans rien dire à aucun d'eux, je me dirigeai droit vers Brignoles, de là, sans question de personne, vers Paris et mon maître.

Cela aurait fait trois mois après que j'ai reçu une lettre de Madame, adressée depuis le yacht *Mostar* , alors dans les eaux norvégiennes. Elle m'a envoyé dix livres pour moi, et après m'avoir dit qu'elle était en croisière avec le baron Albert et sa sœur, nouvelle qui m'a coupé le souffle, elle a ajouté que le service de train de Brignoles à Aix est excellent, mais qu'elle préférait ne pas faire le voyage avec une casquette de cuir et un imperméable.

Alors, voyez-vous, j'ai deviné tout de suite qu'elle s'était éclipsée à Brignoles pendant que nous parlions d'elle ce matin-là, et qu'elle avait pris le petit express pour Aix sans rien dire à personne. Nous n'étions qu'à trois kilomètres de la ville lorsque le pneu éclata, et le voyage ne pouvait donc guère la fatiguer.

Quant à son mari, le soi-disant comte Joseph, j'ai appris plus tard à Paris qu'il n'était pas du tout son mari, mais un jeune noble hongrois riche qu'elle essayait désespérément d'épouser. Le Comte Albert avait été envoyé à Monte-Carlo par les gens du jeune homme pour le protéger de cette ambitieuse, et il semble avoir bien fait l'affaire, car il a dû la retrouver ensuite à Paris et lui offrir l'hospitalité de son yacht. .

J'espère que sa sœur était à bord ; Je l'espère effectivement.

Mais c'est un monde de rhum – et Seigneur, le scandale auquel certains penseront me rend parfois assez malheureux.